AF139522

Robert Haas

Konfliktverhandlung

Ein Strategie-Inventar

Recht mit System

FSC
www.fsc.org

MIX

Papier aus ver-
antwortungsvollen
Quellen
Paper from
responsible sources

FSC® C105338

Das vorliegende Werk ist urheberrechtlich geschützt. Jede Verwertung ist nur mit Zustimmung des Rechtsträgers zulässig. Das gilt insbesondere für Vervielfältigung, Veröffentlichung, Verbreitung und Verwertung jeder Art.

Impressum:

Copyright 2014
Robert Haas, Karlsruhe – Recht mit System

Herstellung und Verlag:
BoD - Books on Demand, Norderstedt

ISBN 978-3-7357-4108-0

Für Bettina

Danksagung

Ich möchte mich bei all´ denen bedanken, die mich bei der Arbeit an dem Buch unterstützt haben, die mich angetrieben und motiviert haben und allen, die mich mit ihrer Kritik immer wieder auf den Boden zurückgeholt haben.

Wertvolle Hinweise und Anregungen erhielt ich von den Kollegen Kenneth W. Thomas und Ralph Kilman. George Kohlrieser danke für seine Einsichten, die er in seiner jahrelangen Arbeit als Experte für Verhandlungen bei Geiselnahmen gewonnen hat.

Ganz besonderen Dank schulde ich meinem Mentor und Freund Dieter Salomon, für seine geduldige Begleitung durch die Jahre und seine fachkundigen Tipps und Hinweise.

Inhalt

Einleitung   1

Verlust, Differenz und Nähe   3
    Konflikt als Ausdruck von Differenz   4
    Konflikt als Ausdruck von Verlust   6
    Nähe und Bindung   8

Zirkuläre Kausalität   11
    Soft Skills erweitern   13
    Verhaltensstrategien etablieren   15

Konfliktverhalten steuern   19
    Entscheidungen ohne aktives Bewusstsein   19
    Impulsverzögerung und Fokussierung   22
    Emotionen deeskalieren   25
    Widerstandfähigkeit entwickeln   28

Dimensionen des Konfliktverhaltens   31

Verteilungsdynamiken   37
    Verteilung: Die Anteile am Kuchen   37
    Wertschöpfung: Die Größe des Kuchens   39
    Investition und Ertrag   41
    Verteilungskämpfe   42

Wahl der Konflikthaltung   44
    Konfliktmodelle planvoll einsetzen   46

Das Wettstreitmodell   48
    Vorüberlegungen   49
    Strategiewahl   51
    Den Wettstreitmodus umsetzen   54

Das Kooperationsmodell 64
    Vorüberlegungen 65
    Strategiewahl 66
    Den Kooperationsmodus umsetzen 69

Das Kompromissmodell 82
    Strategiewahl 83
    Den Kompromissmodus umsetzen 87

Das Vermeidungsmodell 92
    Strategiewahl 93
    Den Vermeidungsmodus umsetzen 100

Das Anpassungsmodell 111
    Strategiewahl 112
    Den Anpassungsmodus umsetzen 117

Persönlichkeit und Rollenverhalten 124

Dialog im Konflikt 134
    Lösungsorientierte Haltung 135
    Den Dialog erhalten 137
    Prinzipien des Dialogs 138
    Dialogblockaden 139
    Brücken in den Dialog 144

Mit Spaß bei der Sache 147

Literaturhinweise 149

Über den Autor 152

Einleitung

Konflikte sind ein unangenehmes Thema, mit dem man sich nicht gerne befasst. Umso mehr schätze ich Ihre Bereitschaft, sich damit auseinanderzusetzen. Ich freue mich, dass Sie dieses Büchlein zur Hand genommen haben und möchte gleich mit einer guten Nachricht beginnen:

Konflikte sind völlig normal und durchaus hilfreich.

Anders ausgedrückt: In komplexen Systemen (wie z.B. Teams, Organisationen, Unternehmen usw.) läuft etwas gewaltig schief, wenn es keine Konflikte gibt. Die Frage ist nur, wie man mit dem Konflikt umgeht. Hier soll es darum gehen, wie Sie einen auftretenden Konflikt für sich oder Ihre Organisation nutzbar machen können.

Komplexe Systeme leben davon und damit, dass sie sich ständig an veränderte Bedingungen anpassen. Die notwendige Modifikation ist immer ein autonomer und fließender Prozess, der das Überleben in einer unbeständigen Umgebung sichert. Teilweise gelingen diese Anpassungsleistungen scheinbar spielend und ohne Reibungsverluste und manchmal müssen Veränderungen durchgesetzt werden. Sicher ist aber immer: Veränderungen finden statt. Daraus folgt aber auch:

Konflikte werden immer gelöst.

Konfliktmanagement ist stets eine Frage der Effizienz. Jede Konfliktstrategie sollte nach ihren Kosten und Nutzen bewertet

werden. Die Bewertung erfolgt nach einer Erwartungsprogno-
se, die jedoch mit vielen Unsicherheiten behaftet ist. Jede Auseinandersetzung hat ihre eigenen Charakteristika und Anforderungen (Machtgefälle, Infrastruktur, Geld, Zeit, Verlustrisiko,
zukünftige Pläne, Erhalt der Geschäftsbeziehung usw.). Diese
Rahmenbedingungen geben jedem Konfliktszenario einen spezifischen Kostennutzen, der zugleich vorgibt, wann Verhandlungen als gescheitert betrachtet werden müssen (break-even-
point). Aus diesem Grund gibt es keine allgemeingültige "beste"
Strategie, aber eine optimal auf die jeweiligen Rahmenbedingungen abgestimmte Konfliktstrategie.

Das vorliegende Inventar soll Ihnen dabei helfen, die verschiedenen Konfliktszenarien zu identifizieren und zu steuern, um
das bestmögliche Ergebnis zu erzielen. Ich werde Ihnen Wege
zeigen, die es erlauben, in verschiedenen Situationen die (zu
erwartenden) Kosten und den möglichen Nutzen besser einzu-
schätzen und danach die Konfliktstrategie zu planen und umzusetzen. Mit praxisnahen Beispielen stelle ich die elementaren
Unterschiede verschiedener Konfliktverhalten dar und zeige
Ihnen, wie Sie in jeder Situation angemessen und zielorientiert
handeln können. Das Ziel dabei ist, das Sie Ihre Anliegen verwirklichen, ohne eine unter Umständen wertvolle (Geschäfts-)
Beziehung zu zerstören oder sich gar Feinde zu machen.

Verlust, Differenz und Nähe

Konflikte gibt es jeden Tag; sie gehören zum Leben dazu. Untersuchungen zeigen, dass Manager etwa 25% ihrer Zeit darauf verwenden, Konflikte zu lösen: Es geht um die Verwaltung knapper Ressourcen, um Meinungsverschiedenheiten über die Geschäftspolitik, den Umgang mit Beschwerden, die Durchsetzung von Regeln und vor allem um den Ausgleich der unausweichlich auftretenden Spannungen zwischen Personen, die zusammen leben oder arbeiten.

Für viele Menschen sind Konflikte Kampf, Sich-Durchsetzen, Vorwurf oder sogar Beleidigung. Sie meinen damit den Zustand, dass die Streitpartner (für sich) entscheiden, dass nur eine der jeweiligen Postionen durchgesetzt werden kann. Dabei übersehen sie aber, dass der Konflikt nur unterschiedliche Interessen kennzeichnet. Einfach gesagt, ist ein Konflikt eine *wahrgenommene* Differenz - ein subjektiver Unterschied - zwischen Personen oder Gruppen, Soll- und Ist-Zuständen, Zielen, Wertvorstellungen oder Bewertungen.

Erst die Gleichsetzung des Konflikts mit einem Kampf macht den Konflikt zu einer potentiell gefährlichen Veranstaltung, die man lieber meidet. In Wahrheit ist die vermeintliche Gefährlichkeit des Konflikts mehr in der inneren Vorstellung der Streitparteien von einem Kampf begründet als im Interessengegensatz selbst. Die meisten Konflikte betreffen in Wahrheit nur unterschiedliche Ansichten über Strategien und Zwischenziele. Echte Verteilungskämpfe sind vergleichsweise eher selten.

Meinungsverschiedenheiten und Interessengegensätze lassen sich auf viele Arten lösen. Der Kampf ist nur eine Methode von vielen. Da der Mensch ein soziales Wesen ist, begreifen die primitiveren Strukturen des Gehirns einen Konflikt als potentielle Bedrohung für die sozialen Bindungen. Folgerichtig versuchen Menschen harte Auseinandersetzungen zu vermeiden. In den meisten Auseinandersetzungen finden Menschen gemeinsame Lösungen oder Kompromisse. Zum Kampf mit Spannungen, Emotionalität und Polarisierung kommt es immer dann, wenn die Beziehung der Streitparteien beschädigt oder zerstört ist oder vollständig fehlt. Konflikteskalation zeigt sich also als ein Problem fehlender Bindung und als Sicherheitsdefizit manchmal auch als Ausdruck von Trauer über einen erlittenen oder erwarteten Verlust.

Konflikt als Ausdruck von Differenz

Es gibt eine ganze Reihe von Differenzen, an denen sich Konflikte entzünden können:

- Differenzen über Ziele
- Differenzen in den Interessen
- Differenzen in den Werten
- Differenzen in der Wahrnehmung
- Differenzen über Bewertungen
- Differenzen in Macht oder Status (Rivalität)
- Differenzen über persönliche Bedürfnisse
- usw.

Differenzen können zu Konflikten führen, müssen es aber nicht. Die Differenz als solche ist nicht ausschlaggebend für den Verlauf einer Auseinandersetzung. So gibt es Menschen, die eine

Beziehung aufrechterhalten können, obwohl die Differenzen zu ihrem Partner / ihrer Partnerin enorm sind. Und manchmal münden schon kleinste Meinungsverschiedenheiten in gewalttätige Ausschreitungen.

Viele Streitigkeiten befassen sich inhaltlich nicht mit dem eigentlichen Problem – dem unerfüllten Bedürfnis. Stattdessen streiten die Parteien über Differenzen, Ansprüche, Positionen, also über formale Aspekte. Besonders hart wird gestritten, wenn der Konflikt emotional dominiert ist. Bei genauer Betrachtung geht es nicht um die Differenz, sondern um die zerstörte Bindung, das Fehlen einer Bindung oder die Trauer über einen Verlust (Wer trauert am meisten?). Streitigkeiten eskalieren, weil die Streitpartner die persönliche Bindung zueinander verloren haben. Da der Konfliktverlauf in diesen Fällen durch Gefühle bestimmt wird, ist eine zielorientierte, rationale Verhandlung nicht möglich. Der Blick richtet sich auf die drohende Gefahr und nicht auf die Vorteile, die aus einer guten Beziehung erwachsen können. Das verhindert, dass die Streitpartner an der Lösung des Problems arbeiten. Um dieses Verhalten zu rationalisieren, werden Interessen und Ansprüche in den Vordergrund gestellt. In Wahrheit geht es aber um nicht befriedigte Bedürfnisse. Ein Grund dafür könnte sein, dass Interessen und Ansprüche wesentlich leichter darzulegen und zu begründen sind als Bedürfnisse. Die Interessen und Ansprüche bilden so den Vordergrund eines Konfliktanlasses. Diese Anlässe sind beliebig austauschbar und der Konflikt wird bei nächster Gelegenheit wieder aufflammen, solange die Bedürfnisse unerfüllt bleiben. Echte Konfliktlösung ist ohne Erfüllung der wechselseitigen Bedürfnisse nicht möglich. Aus diesem Grund ist es von großer Bedeutung, im Konfliktmanagement zwischen Interesse und Bedürfnis zu unterscheiden, auch wenn in der Literatur die Begriffe oftmals synonym gebraucht werden.

Bei länger andauernden Auseinandersetzungen bilden sich durch die Wiederholung Verhaltensmuster heraus, die sich am Streitverhältnis orientieren – also an der Struktur der zerstörten Bindung. Die ständige Übung dieser Konfliktmuster bewirkt eine Stabilisierung in den Strukturen des Gehirns. Wie ein Trampelpfad durch häufige Benutzung allmählich zur Straße wird, führt die häufige Aktivierung der Konfliktmuster zum Ausbau der synaptischen Verbindungen im Gehirn. In der Neurobiologie wird das als "neuronale Bahnung" bezeichnet. Die Aufgabe im Konfliktmanagement besteht darin, den Konfliktmustern hilfreiche Beziehungsmuster gegenüberzustellen und die Streitparteien einander anzunähern und Bindung wiederherzustellen.

Konflikt als Ausdruck von Verlust

Wenn man effektives Konfliktmanagement betreiben will, genügt es nicht, schnell zum "richtigen" Werkzeug zu greifen. Oben habe ich dargestellt, dass die Wurzel jedes Streits in einem erlittenen oder befürchteten Verlust liegt. Es ist notwendig zu verstehen, welcher Art die Verluste sind, die dem Konflikt zugrundeliegen. Jeder Verlust hat eine emotionale Dimension (Angst, Wut, Trauer, Scham usw.), so dass es für die Bewältigung des Konflikts notwendig ist, nicht nur die sachlichen Wurzeln des Streits zu verstehen, sondern auch die damit verbundenen Gefühle. Im Wesentlichen lassen sich Verlusterlebnisse oder -ängste in folgende Kategorien einteilen:

Verlust von Zuneigung Zu wem gehöre ich?	Bedürfnis nach Verbundenheit, Bindung, Sicherheit oder Zugehörigkeit
Verlust von Territorium Wo gehöre ich hin?	Bedürfnis nach Wurzeln, einem Platz, einem Zuhause oder nach Zugehörigkeit
Verlust von Struktur Was ist meine Rolle?	Bedürfnis nach Bedeutung, Beteiligung und Wertschätzung
Verlust von Identität Wer bin ich?	Bedürfnis, zu wissen, wer man ist, wofür man steht und welche Werte man hat
Verlust von Zukunft Wo gehe ich hin?	Bedürfnis nach Orientierung, Hoffnung und einer positiven Perspektive
Verlust von Bedeutung Was ist der Sinn?	Bedürfnis nach Aufgaben mit Sinn und Zweck
Verlust von Kontrolle Was kann ich ausrichten?	Bedürfnis nach Kontrolle über die Situation bzw. über das eigene Schicksal

Abb. 1: Verlustkategorien

Das Verständnis der emotionalen Dimension ermöglicht die Einschätzung, wie Menschen auf Interventionen reagieren werden. Das wiederum erleichtert es Ihnen, den eigenen Konfliktmodus auf den konkreten Fall anzupassen und notfalls zu modifizieren.

Als Führungskraft müssen Sie sich darüber im Klaren sein, dass in Ihrem Unternehmen oder in Ihrer Abteilung Verlust und Trauer an der Tagesordnung sind: Ein Mitarbeiter wird nicht befördert, ein anderer wird versetzt. Eine Kollegin muss ihren Parkplatz räumen, ein Projekt ist beendet und das Team geht auseinander usw.

Jeder Mensch reagiert individuell verschieden auf diese Ereignisse. Verlust- und Trauererlebnisse können zu Frustration und Verbitterung führen, und in Extremfällen zu Burnout oder innerer Kündigung. Solange Verlust und Trauer nicht bewältigt sind, werden sich Konflikte immer wieder vordergründigen Ereignissen entzünden. Die Gefühlslage wird nur selten angesprochen werden. Die emotionale Verletzung wird oft als Schwäche angesehen. Sie ist ein Tabuthema. Konflikte mit Personen, die von Trauer oder Verlustängsten gefangen sind, entzünden sich an beliebig austauschbaren Anlässen. Im unbewussten Hintergrund laufen Mechanismen ab, die Trauer oder Verlust vermeiden sollen.

Nähe und Bindung

Jeder Konflikt wird aus tatsächlichen oder vorweggenommenen Verlusten und den damit verknüpften negativen Emotionen und Differenz gespeist, also aus der Gefährdung oder Zerstörung von Bindungen.

Konfliktlösung beschreitet den umgekehrten Weg, sucht also die erneute Annäherung und die Wiederherstellung der Verbindung zwischen Menschen. Daher wird das Verhalten in einem Konflikt - und der Erfolg von Konfliktmanagement - ein Stück weit dadurch bestimmt, ob und wie die Streitpartner Bindungen (wieder-)herstellen und sich anderen Personen nähern. Das macht jeder auf seine eigene Art und Weise. Annäherungs- und Bindungsstile hängen von den Erfahrungen ab, die der Einzelne mit wichtigen Bezugspersonen gemacht hat, wie diese reagiert oder eben nicht reagiert haben.

Dieser Teil der Persönlichkeit macht es aus, dass Gesprächspartner unterschiedlich auf bestimmte Formen der Verhandlungsführung ansprechen.

- **Sicherer Stil**

  Der sichere Stil kennzeichnet das Idealverhalten des reifen Erwachsenen. Menschen im sicheren Stil fällt es leicht, auf andere zuzugehen und sich auf sie zu verlassen. Zugleich haben sie keine Schwierigkeiten damit, wenn sich andere auch auf sie verlassen. Sie sind von Selbstvertrauen getragen und zeigen eine angemessene Selbststeuerung im Umgang mit anderen Menschen. Sie leben prinzipiell angstfrei und werden nicht von unnötigen Sorgen geplagt.

- **unsicherer, ängstlicher Stil**

  Diese Menschen sind ständig in Sorge und Zweifel. Ihre Einstellung ist durch Negativität und Misstrauen geprägt. Sie sind auf Zuwendung und Akzeptanz von außen fixiert. Zugleich kann es schwierig sein, Nähe zu Ihnen aufzubauen. Im Gespräch sollten Sie auf eine klare Sprache achten und sicherstellen, dass der andere keinen Anlass zu Befürchtungen hat. Sinnvoll sind offene Fragen, die den Partner etwas aus der Reserve locken (W-Fragen – wie, wann, warum usw.).

- **unabhängiger Einzelgängerstil**

  Einzelgänger vermeiden emotionale Bindungen und Abhängigkeiten. Sie fürchten sich vor Kontrollverlust und versuchen, alles alleine zu machen. Sie vermeiden die Bindung zu anderen Menschen, weil sie den Verlust der Beziehung bereits vorwegnehmen. Mit solchen Menschen lässt sich eine gute Bindung über gemeinsame Ziele herstellen. Aber es ist wichtig alle Verhaltensweisen zu vermeiden, die auf Ablehnung hindeuten könnten.

- ***zwanghafter Versorgerstil***

  Der Versorgertyp baut Beziehungen auf, indem er für andere sorgt. Er ist hilfsbereit, manchmal bis zur Selbstaufgabe. Er neigt zu Verärgerung oder gar Verbitterung, wenn er seinen Einsatz nicht gewürdigt sieht. Versorger haben die Tendenz, ihre Kompetenzen zu überschreiten. Sie brauchen die direkte Ansprache, klare Aussagen und notfalls auch strikte Grenzen.

- ***feindseliger, abhängiger Stil***

  Menschen in diesem Stil haben Angst vor großer Nähe, aber auch vor Trennung und Alleinsein. Sie lassen nur schwer Bindung zu. Bevor eine Beziehung zu eng wird, provozieren sie einen Streit, um sich vor zu viel Nähe zu schützen. In Beziehungen können sie daher ambivalent erscheinen oder sich manipulativ verhalten. Im Umgang mit diesen Menschen ist eine stabile eigene Position hilfreich. Achten Sie auf eine klare positive Sprache, die Annäherung erleichtert.

Diese plakativ dargestellten Grundtypen stellen nur Tendenzen dar. In der Reinform werden sie selten zu beobachten sein. So gibt es alle möglichen Mischformen mit unterschiedlichen Ausprägungen. Die Typisierung kann verständlich machen, wie Sie zu anderen Menschen Bindung aufbauen können, um effektiv an Lösungen arbeiten zu können.

Zirkuläre Kausalität

Konflikte entstehen nicht durch eine lineare Kausalkette, sondern durch Prozesse, die sich aus zirkulär aufeinander aufbauenden Abläufen speisen: Jede Wirkung ist das Ergebnis eines vorherigen Auslösereizes und zugleich auch selbst Ursache für einen Reiz, der wiederum zu einer Reaktion führen kann, aber nicht unbedingt muss.

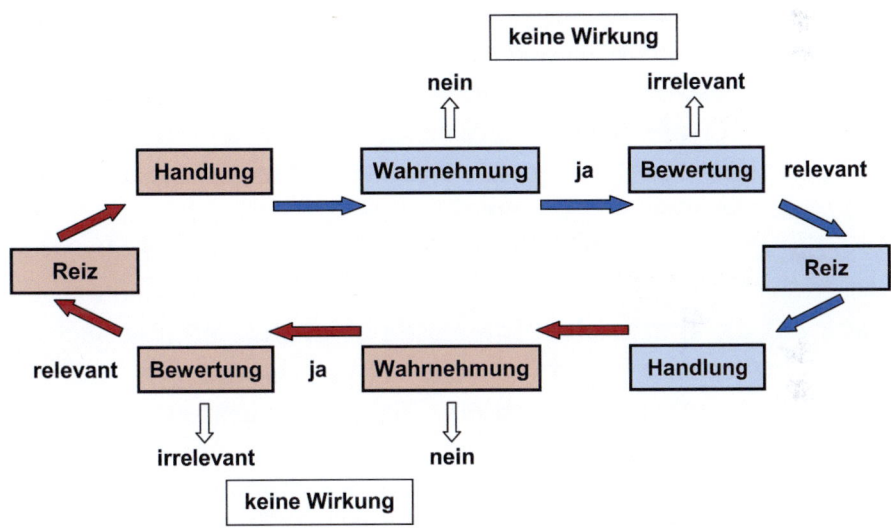

Abb. 2: Zirkuläre Kausalität

Jede Aktion in einem Konfliktszenario hat ein gewisses Potenzial, eine Handlung auszulösen. Ob dieses Potenzial tatsächlich Wirkung entfaltet, hängt aber vom Empfänger der Botschaft ab. Erst die Wahrnehmung eines Geschehens und seine Bewertung entscheiden, ob und wie die andere Seite darauf reagiert, ob und wie sich das Reizpotenzial entfaltet. Eine Beleidigung, die nicht (als solche) wahrgenommen wird, löst keinen Abwehrreflex aus. Umgekehrt kann eine harmlos gemeinte Bemerkung in eine handfeste Keilerei münden. Diese Überlegung macht klar, dass jede der Konfliktparteien das Geschehen im Sinne dieser Kausalität beeinflusst.

Wenn Wahrnehmung und Bewertung also einen Impuls auslösen oder hemmen können, liegt hier der Schlüssel zur Konfliktsteuerung. Konfliktlösung zeigt sich damit vor allem als eine Aufgabe des Selbst-Managements. Deshalb wollen wir der Frage nachgehen, wie Sie Ihr eigenes Verhalten so gestalten können, dass Sie die beste Prognose für den Kostennutzen stellen können. Wie sonst bei geschäftlichen Entscheidungen sollten Sie auch hier stets wissen, wo Sie stehen, wo Sie hin wollen und wie Sie das erreichen können. Das Ziel ist es, innerhalb eines definierten Konfliktsystems das eigene Konfliktverhalten mit Blick auf die spezifischen Interessen zu evaluieren und sachgerecht einzusetzen. Es geht also nicht (nur) darum, sich in einem Konfliktgeschehen der eigenen Stärken bewusst zu sein, sondern (vor allem) auch darum, ob es strategisch sinnvoll ist, eine Stärke auszuspielen. Zielorientiertes Konfliktverhalten beruht auf der Steuerung des Konfliktablaufs durch überlegte Selbstbehauptung und strategische Fremdnützigkeit.

Jeder Mensch verhält sich immer wieder einmal intuitiv, wird von Emotionen übermannt oder folgt seinen Impulsen. Damit ist ein Konfliktverlauf oft kaum vorhersehbar und nur schwer planbar. Das hier vorgestellte Inventar will Ihnen dabei helfen, die Falle von Impulsen und Emotionen zu umgehen. Dazu gehört es die persönliche Reizschwelle zu senken und die Reaktion auf eine bewusste Entscheidung abzustützen. Damit Sie auch in kritischen Situationen sachgerecht handeln können, können Sie die hier vorgestellten Werkzeuge zum Bestandteil Ihres Verhaltensmusters machen. Das erfordert Übung und den schrittweisen Aufbau der notwendigen Soft-Skills. Die nachfolgenden Schritte helfen Ihnen dabei.

Soft-Skills erweitern

Vorab möchte ich Ihnen ein paar Hinweise geben, die Sie bei der Durcharbeitung des Büchleins im Gedächtnis behalten sollten. Hier biete ich Ihnen ein kleines Trainingsprogramm an, mit dem Sie Ihre Soft-Skills effektiv erweitern können.

- *Sie entscheiden, wie Sie sich verhalten.*

  Sie haben immer die Wahl, wie Sie mit einem Streit umgehen. Wählen Sie aus allen Methoden die passende aus, um Ihre persönliche Strategie zu entwickeln. Mit diesem Wissen können Sie das Streitgeschehen genauer analysieren und Sie schaffen für sich die Möglichkeit, den Konfliktverlauf gezielt zu steuern, indem Sie verschiedene Stile der Konfliktbearbeitung einsetzen. Behalten Sie Ihre Strategie im Blick. Sie werden immer wieder einmal versucht sein, impulsiv oder unüberlegt zu reagieren.

- *Behalten Sie Ihr Ziel im Fokus*

  In Konfliktsituationen wird es immer wieder vorkommen, dass Sie attackiert, abgewertet, nicht geachtet oder ungerecht behandelt werden. Solche Vorkommnisse sagen zunächst einmal nichts über Sie aus, sondern es sind nur Symptome der Konflikthaltung der anderen Partei. Lassen Sie sich nicht dazu hinreißen, ohne zwingende Gründe Ihre eigene Konflikthaltung aufzugeben. Zwingende Gründe sind nur solche, die Sie nach gründlicher Prüfung Ihrem Ziel näher bringen als die bisher verfolgte Strategie. Unter Umständen ist es genau die Absicht hinter dem Angriff, Sie von solchen Maßnahmen abzuhalten.

- *Geben Sie sich die notwendige Zeit zum Nachdenken.*

Treffen Sie die Wahl Ihrer Konfliktmethode in dem Bewusstsein, dass alle Menschen dazu neigen, in Konfliktsituationen impulsiv nach alten Mustern zu reagieren. Je stärker ein solcher Impuls wahrnehmbar ist, umso mehr Zeit sollten Sie sich nehmen, um Alternativen zu prüfen. Fragen Sie sich stets, welches Konfliktverhalten in dieser spezifischen Situation den größtmöglichen Gewinn verspricht. Gerade bei länger dauernden Konflikten bringt eine schnelle impulsive Reaktion keine Vorteile.

- *Wiederholen Sie die Leitlinien regelmäßig.*

Sie werden sich in einer akuten Auseinandersetzung kaum an alle Hinweise und Tipps aus diesem Buch erinnern. Deshalb ist es wichtig, die Grundprinzipien der strategischen Konfliktführung als Verhaltensmuster anzulegen. Solche Muster entstehen nur durch ständige Wiederholung. Erst dann stehen Ihnen die Methoden auch unter Stress zur Verfügung. Halten Sie das Buch in Reichweite, damit Sie immer wieder schnell nachschlagen können. Oft genügt eine kleine Textpassage oder eine Grafik, um alternatives Denken zu ermöglichen. Sie finden vor der Darstellung jeder Konfliktstrategie eine kleine Übersicht der Charakteristika der jeweiligen Methode und im Anschluss jeweils eine Checkliste mit Entscheidungshilfen und methodischen Hinweisen. Diese Checklisten können Ihnen als "Trainingsprogramm" dienlich sein.

Verhaltensstrategien etablieren

Für Sie persönlich:

- **Konzentrieren Sie sich auf wenige neue Werkzeuge.**

  Suchen Sie eines oder wenige Werkzeuge aus, die in der konkreten Situation den besten Erfolg versprechen. Konzentrieren Sie sich beispielsweise darauf, statt "aber" ganz bewusst das Wort "und" zu verwenden. Achten Sie darauf, wie das neue Werkzeug Ihr persönliches Repertoire erweitert und wie Ihr Gegner darauf reagiert.

- **Beobachten Sie die Wirkung im Konfliktverhalten.**

  Veränderungen vollziehen sich nicht ruckartig, sondern kontinuierlich. Am Anfang mag Ihnen die Veränderung ungewöhnlich erscheinen, vielleicht sogar unerwünscht sein. Je negativer Sie Ihr eigenes Verhalten bewerten, umso genauer beobachten Sie die Reaktionen der Gegenseite. Veränderung ist ein allmählicher und kontinuierlicher Prozess. Richten Sie Ihr Augenmerk vor allem auf Veränderungen in der Interaktion und weniger auf den aktuellen Streitgegenstand.

- **_Machen Sie diese Schritte zur Routine_**

Überprüfen Sie die Einführung neuer Werkzeuge durch die Beobachtung ihrer Wirkung. Prüfen Sie, was hilfreich war und was nicht und überlegen Sie, warum das so war. Betrachten Sie dabei gerade die negative Seite, um für sich selbst einen zusätzlichen Lernerfolg zu erreichen.

Fragen Sie sich also immer:

- **bei erfolgreichem Einsatz:**
  Unter welchen Bedingungen wäre dieses Instrument nicht hilfreich oder sogar schädlich?

und

- **bei erfolglosem Einsatz:**
  Unter welchen Bedingungen könnte dieses Instrument hilfreich und nützlich sein?

- **_Bauen Sie Ihren "Werkzeugkoffer" kontinuierlich aus._**

Nehmen Sie sich mit den eben genannten Aspekten jedes Werkzeug vor, das ich Ihnen vorstelle und prüfen Sie seine Wirkung. Haben Sie den Mut, neue Techniken zu probieren und kalkulieren Sie das Scheitern von vornherein ein. Systeme verändern sich ständig und ebenso die Voraussetzungen einer wirksamen Intervention. Das Scheitern einer Intervention im konkreten Fall bedeutet nicht, dass die Intervention generell unwirksam wäre. Reflektieren Sie unbedingt, warum ein bestimmtes Konfliktverhalten zum gewünschten Erfolg geführt hat oder warum nicht und berücksichtigen Sie auch die Gesamtumstände der Konfliktsituation.

Für Gruppen:

- ### *Führen Sie ein Protokoll.*

  Wenn Ihr Team das Training gemeinsam durchläuft, ist ein Protokoll sehr hilfreich, das den Fortschritt der Gruppe insgesamt festhält und besondere Erfahrungen oder neue Erkenntnisse dokumentiert. Vielleicht ergibt sich in diesem Zusammenhang auch die Möglichkeit der grafischen Darstellung von Veränderungsprozessen. Bilder prägen sich erfahrungsgemäß leichter ein als Worte.

- ### *Vereinbaren Sie Ziele für die Gruppe.*

  Erarbeiten Sie auf der Grundlage der Protokolle gemeinsame Ziele auf dem Weg zur Verbesserung des Konfliktverhaltens und legen Sie fest, welche Lernschritte die Gruppe absolvieren soll. Der so erstellte Arbeitsplan sollte allerdings nur ein Konzept sein, keine endgültige Festlegung. Machen Sie klar, dass der Arbeitsplan jederzeit änderbar ist, wenn es die Interessen der Gruppe erfordern. Das begünstigt die kreative Lösungsfindung.

- ### *Beobachten Sie die Entwicklung (Intervision).*

  Vereinbaren Sie feste Termine, zu denen die Gruppe zusammenfindet, um die Auswirkungen des Gruppentrainings zu evaluieren und einen eventuellen Bedarf an Vertiefung, Wiederholung oder Erweiterung des Repertoires festzulegen. Lassen Sie zwischen den Terminen ausreichend Zeit, damit sich die Prozesse entwickeln können. Setzen Sie neue Ziele und behalten Sie den bereits erreichten Fortschritte im Auge (Review).

- ***Führen Sie das Prinzip der Meta-Beobachtung ein.***

  Verfestigen Sie den Veränderungsprozess, indem Sie "Fälle" in der Gruppe besprechen und analysieren. Konzentrieren Sie sich dabei auf die Beobachtung der Abläufe und der Prozesse. Es geht dabei nicht um die Bewertung einzelner Personen, sondern um die Betrachtung prozeduralen Zusammenhänge. Diskutieren Sie die bekannten Methoden und ihre Auswirkungen. Was war nützlich? Was hätte man noch versuchen können? Durch die Selbstanalyse aus der Außenperspektive führen die gewonnenen Erkenntnisse zu neuen Methoden und stabilisieren den Austausch in der Arbeitsgruppe (zirkuläres Lernen).

Testen und trainieren Sie diese neu entwickelten Methoden unter den neuen Aspekten im Rollenspiel. Indem Sie Ihre eigenen Soft Skills und die Ihres Teams stärken und ausbauen, legen Sie das Fundament für zukünftige erfolgreiche Verhandlungen. Und je häufiger die Erfolgserlebnisse wiederholt werden können, umso leichter werden Konfliktlösungen sein.

Konfliktverhalten steuern

Die Steuerung von Konflikten und Konfliktverhalten ist eigentlich ein Paradoxon: Sie können das Denken Ihres Streitpartners nicht (direkt) beeinflussen und das Verhalten nur, wenn Sie weisungsbefugt sind und der andere gewillt ist, Ihrem Wunsch Folge zu leisten. Trotzdem stehen Sie als Konfliktmanager vor der Aufgabe, Denken und Verhalten der anderen Partei so zu lenken, dass der Konflikt zu optimalen Ergebnissen führt und nicht sogar in destruktive Bahnen gerät.

Konflikte sind immer ein zirkuläres Spiel von Aktion und Reaktion. Auch wenn Sie keinen unmittelbaren Einfluss auf den Streitpartner haben, kann Ihr eigenes Verhalten das Geschehen günstig beeinflussen, weil das die Ursache für die Reaktion Ihres Konfliktpartners ist. Steuerung kann also nur durch indirekte Einflussnahme funktionieren. Voraussetzung ist, dass Sie sich aktiv für eine Konfliktmethode entscheiden und nicht durch unbewusst ablaufende Muster durch die Auseinandersetzung getrieben werden. Leider lässt uns unser Gehirn schon die Eigensteuerung nur begrenzt zu. Allzu oft wird unser eigenes Verhalten durch Impulse und Spontanreaktionen bestimmt.

Entscheidungen ohne aktives Bewusstsein

Entscheidungen in unserem Gehirn werden in erster Linie durch unbewusste Prozesse affektiv ausgelöst und emotional gesteuert. Der bewusste Verstand greift diese unbewussten Entscheidungen auf und rationalisiert sie in Nachhinein. Das birgt die Gefahr, dass wir zum Opfer unserer Affekte und Instinkte werden und nicht die optimale Konflikthaltung ergreifen oder diese im Verlauf der Auseinandersetzung verlassen. Diese Falle lässt sich vermeiden.

Die Ergebnisse der Hirnforschung zeigen, dass an der Entscheidungsfindung mehrere Hirnareale in unterschiedlicher Funktion beteiligt sind. Es sind dies das Stammhirn ("Reptiliengehirn"), das limbische System mit der Amygdala und die Großhirnrinde. Die genannten Teile unseres Gehirns stehen in einer Hierarchie.

Am schnellsten arbeitet das Stammhirn. Es liefert die schnellen und unmittelbar überlebenswichtigen Impulse. Hier geht es nur um Angriff oder Flucht. Die Reaktion erfolgt auf wahrgenommene Reize schnellstmöglich, unmittelbar und ohne Überlegung oder abwägende Zwischenschritte. Die nächste Ebene ist die Verhaltenssteuerung durch emotional-affektive Reaktionen und latente Verhaltensbereitschaft. Das limbische System liefert schnelle Entscheidungen durch eine unbewusste emotionale Bewertung. Es unterscheidet Wahrnehmungen auf Grund von Erfahrungswerten in angenehm = wiederholen bzw. unangenehm = vermeiden. Da das limbische System unbewusst und emotional steuert, bleiben rational-strategische Überlegungen ausgeblendet. Das Großhirn verarbeitet alle als relevant wahrgenommenen Informationen in der Großhirnrinde zu einer rational-strategischen Legitimation. Die Informationsübermittlung aus den tieferen Schichten dauert aber eine gewisse Zeit, sodass die intellektuelle Gehirnarbeit den instinkt- und emotionsgesteuerten Prozessen hinterherläuft. Die Forschung nimmt eine Zeitspanne von mindestens 0,5 Sekunden an.

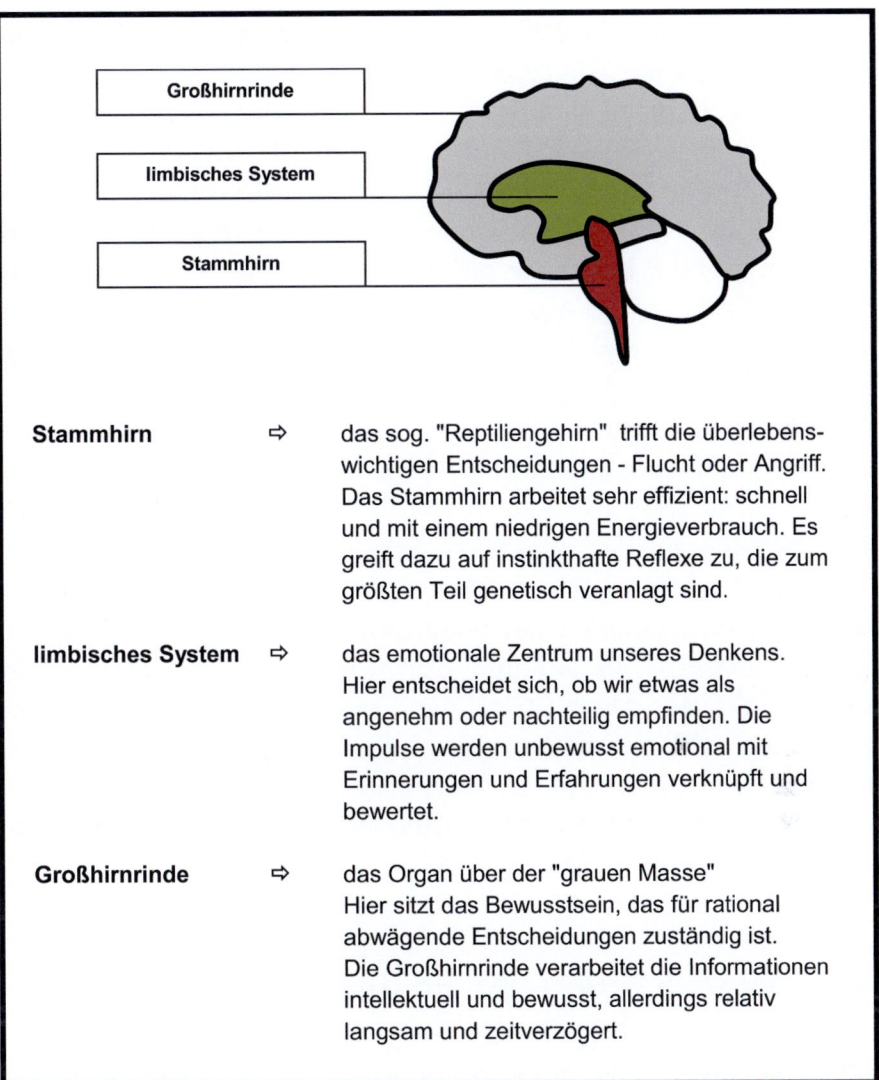

Stammhirn ⇨ das sog. "Reptiliengehirn" trifft die überlebenswichtigen Entscheidungen - Flucht oder Angriff.
Das Stammhirn arbeitet sehr effizient: schnell
und mit einem niedrigen Energieverbrauch. Es
greift dazu auf instinkthafte Reflexe zu, die zum
größten Teil genetisch veranlagt sind.

limbisches System ⇨ das emotionale Zentrum unseres Denkens.
Hier entscheidet sich, ob wir etwas als
angenehm oder nachteilig empfinden. Die
Impulse werden unbewusst emotional mit
Erinnerungen und Erfahrungen verknüpft und
bewertet.

Großhirnrinde ⇨ das Organ über der "grauen Masse"
Hier sitzt das Bewusstsein, das für rational
abwägende Entscheidungen zuständig ist.
Die Großhirnrinde verarbeitet die Informationen
intellektuell und bewusst, allerdings relativ
langsam und zeitverzögert.

Abb. 3: Hirnareale

Wir wissen aus Erfahrung, dass es im Verlauf von Konflikten immer wieder zu Angriffen und Verletzungen kommen kann. Wenn Konflikte eskalieren oder eine notwendige Auseinandersetzung vermieden wird, sind meistens die schnell und unbewusst arbeitenden Hirnareale dafür verantwortlich. Denn sie regieren auf wahrgenommene Reize mit niedrigem Aufwand, schneller als der bewusste rational abwägende Verstand. Wenn sich die Gegenpartei aggressiv oder ausweichend verhält, können also diese Areale dominant sein. Zugleich kann dieses Verhalten wiederum bei Ihnen unbewusste Prozesse anstoßen – Gegenangriff, Flucht, Ausweich- oder Täuschungsmanöver. Insoweit besteht eine zirkuläre Kausalität.

Im Konflikt - und vor allem bei der Wahl der Konflikthaltung – ist es potentiell schädlich, wenn Sie sich von den unbewusst ablaufenden Prozessen im Stammhirn und im limbischen System mit der Amygdala leiten lassen. Ihr bewusster Verstand ist dann nicht der Herr Ihrer Handlungen. Sie überlassen sich dann der unbewusst emotionalen Steuerung und verlieren damit die Kontrolle über das Geschehen. Kohlrieser bezeichnet in seinem Buch "Hostage at the Table" die Amygdala deshalb als Geiselnehmer und Terrorist.

Impulsverzögerung und Fokussierung

Damit Sie Ihr eigenes Konfliktverhalten im Sinne Ihrer Strategie steuern können, ist es notwendig, dass Sie sich nicht von Ihren Emotionen überwältigen lassen. Das Gehirn wird bei einem Gefühlsausbruch von Neurotransmittern geradezu "überschwemmt", was die bewusste Verhaltenssteuerung sozusagen lahmlegt. Wir wissen aber, dass diese Anflutung nur von kurzer Dauer ist. Schon nach wenigen Sekunden sind die Neurotransmitter wieder abgebaut. Wenn Sie merken, dass Sie in einer bestimmten Situation überreagieren, ist die Zeit Ihr Verbündeter. Um die notwendige Zeit zu gewinnen, damit das Gehirn wieder in den bewussten Modus schaltet, schlägt Kohlrieser eine Art Selbst-Intervention vor, die im wesentlichen auf der Unterbrechung der emotional dominierten Impulse beruht:

- Akzeptieren Sie Ihre emotionale Beteiligung. Versuchen Sie zu verstehen, welche Dinge den Impuls auslösen.
- Rufen Sie sich alle relevanten Fakten ins Gedächtnis und beschreiben Sie die Situation anhand der Fakten so objektiv wie möglich
- Machen Sie sich klar, welche Schritte notwendig sind, um für Sie und die andere Partei eine Lösung herbeizuführen, von der beide profitieren.

Sie sind aber nicht auf solche Akut-Interventionen beschränkt. Sie können sich auch vorbeugend gegen die Übernahme der Herrschaft durch das limbische System wappnen:

Die Verarbeitungsprozesse in den unbewussten und bewussten Regionen des Gehirns laufen zwar mit unterschiedlicher Geschwindigkeit ab; sie sind aber nicht völlig entkoppelt und voneinander unabhängig. Jedes Lebewesen mit Bewusstsein nimmt unbewusst eine Vielzahl von Reizen auf, aber nur einen Bruchteil davon nimmt es auch bewusst wahr. Das Gehirn filtert die weitaus überwiegende Anzahl der Sinneseindrücke aus. Nur ein Bruchteil gelangt tatsächlich in das aktive Bewusstsein. Die unbewusst arbeitenden Regionen des Gehirns "springen" an, wenn ein Reiz als Auslöser ("Trigger") wirkt.

Welche Sinneseindrücke die "Hürde" überwinden, ist teilweise dadurch bestimmt, ob und mit welcher Intensität sich die Aufmerksamkeit auf das Geschehen fokussiert. Das bewusste Erleben und unsere Reaktion auf die Sinneseindrücke sind also abhängig von der Aufmerksamkeitsfokussierung. Diese ist aber mit Bewusstsein steuerbar.

Auf der täglichen Fahrt zur Arbeit kuppeln, schalten, beschleunigen und bremsen Sie "automatisch", ohne im Verkehrsfluss darauf zu achten.
Wenn Sie sich aber über einen Fahrer ärgern, der vor Ihnen trödelt, werden Sie auf die passende Gelegenheit warten, um mit Schwung zu überholen.

In einer Auseinandersetzung können Sie sich auf Ihr Ziel und die Ablaufprozesse konzentrieren oder auf die Spontanreaktionen der Gegenseite. Wohin sich die Aufmerksamkeit richtet, ist von Ihrem eigenen Willen abhängig. Sie können Ihre Handlungen und Ihr Denken in Richtung des angestrebten Zieles lenken, indem Sie das aktuelle Geschehen aus einer höheren Warte - der Meta-Ebene - als Teil des Ablaufs beobachten und damit beeinflussen, ob Sie "getriggert" werden.

Stellen Sie sich vor, Sie haben den Gegner in einem Streitgespräch hart attackiert und mit Absicht provoziert. Der zahlt Ihnen den Angriff mit einer zynischen Antwort zurück. Das haben Sie in gewisser Weise vorhergesehen und Sie können entspannt kontern.
Stellen Sie sich nun vor, Sie hätten den anderen unabsichtlich provoziert und der Gegenangriff käme "aus heiterem Himmel". Da Sie nicht vorbereitet sind, verschiebt sich Ihr Augenmerk weg von der Beobachtung des Ablaufs und hin zur Reaktion Ihres Gegners. Ein unwillkürlicher Abwehrimpuls ist die Folge.

Evolutionsbiologisch haben diese Abläufe nur den Sinn, das Überleben des Individuums zu sichern. Für strategisches Konfliktverhalten ist die unbewusste Handlungssteuerung eine Falle. Dem können Sie sich zumindest teilweise entziehen, indem Sie nicht in spontane Aktionen verfallen, sondern ganz bewusst den Prozessablauf beobachten. Nehmen Sie sich eine Sekunde Zeit und lassen Sie Ihre beabsichtigte Aktion im Geiste ablaufen. Hilft sie für den weiteren Fortschritt mit Blick auf ihre Zielorientierung?

Fazit: Mit der bewussten Verschiebung Ihres Fokus auf den Ablauf erhöhen Sie die Wahrscheinlichkeit für ziel- und prozessorientiertes Verhalten. Zugleich verringern Sie die Gefahr von impulsiven Fehlreaktionen erheblich.

Emotionen deeskalieren

Im Vorfeld von konfliktgeneigten Gesprächen können Sie sich Strategien zurechtlegen, um emotional aufgeheizte Situationen zu entspannen. Die nachfolgend dargestellten Instrumente können Sie zur Selbststeuerung einsetzen, aber vor allem auch zur Entspannung des Gesprächspartners. Wie bei den oben beschriebenen Akut-Interventionen geht es darum, Zeit zu gewinnen und einen Perspektivenwechsel einzuleiten.

- *Wahlmöglichkeiten einräumen*

  Immer wenn Ihr Verhandlungspartner seine Einstellung ändern soll, kann diese Situation als Wettkampf fehlinterpretiert werden. Die andere Partei könnte das Gefühl haben, unterlegen zu sein, wenn sie ihre Meinung ändert. Zugleich wären Sie der "Sieger". Das kann Abwehrreaktionen auslösen. Das lässt sich vermeiden, indem Sie die Aufmerksamkeit weglenken von der Frage, wer gewinnt und wer verliert. Richten Sie den Blick auf die verschiedenen Optionen, die zum Ziel führen. Die Auseinandersetzung erfährt dadurch einen Zugewinn an Information. Rational betrachtet geht es immer noch darum, die Einstellung zur Sachfrage zu verändern, aber auf emotionaler Ebene handelt es um eine autonome Auswahlentscheidung. Es geht nicht mehr um gewinnen oder verlieren, sondern um die beste Lösung.

Sie wollen einen Low-Performer in eine andere Abteilung versetzen, wo er gute Leistungen erbringen könnte.

Sie können die Versetzung förmlich mitteilen und notfalls mit arbeitsrechtlichen Mitteln durchsetzen:
"Sehr geehrter Herr Müller, die aktuelle Leistungsentwicklung in Ihrer Abteilung macht eine personelle Umstrukturierung notwendig. Wir versetzen Sie daher ab dem nächsten Monat in die Abteilung XY."
Der Mitarbeiter würde sich wahrscheinlich abgewertet fühlen. Die zu erwartende Reaktion wäre Abwehr und Motivationsverlust.

Sie können alternativ ein Gespräch zur Personalentwicklung führen und die Vor- und Nachteile der gegenwärtigen und der zukünftigen Beschäftigung darstellen:
"Sehr geehrter Herr Müller, wir haben den Eindruck gewonnen, dass Sie mit Ihren momentanen Aufgaben nicht dauerhaft erfolgreich sein können. Es ist uns aber wichtig, dass Sie sich bei uns wohlfühlen und Ihre persönliche Karriere vorantreiben können. Wir denken, dass Sie in der Abteilung X oder Z besser aufgehoben sind und möchten Ihnen die Versetzung anbieten. - Wo sehen Sie die besseren Chancen für sich?"

- *Perspektiven eröffnen*

Jede Eskalation ist das Resultat einer emotionalen Überforderung. durch eine als bedrohlich empfundene Situation. Unser Gehirn ist auf Gefahrerkennung spezialisiert. Wird dem limbischen System eine Gefahr gemeldet, reagiert es prompt und umso heftiger, je intensiver die Gefahr eingestuft wird. Dabei verengt sich der Blickwinkel auf die Gefahr und wird zum "Tunnelblick", andere Bewertungen werden ausgeblendet. Es handelt sich also teilweise um eine Frage der Fokussierung der Aufmerksamkeit auf die Überforderung (s.o.). Die emotionale Belastung entsteht nicht durch die Situation, sondern durch deren (unbewusste) Bewertung. Je belastender die Situation wahrgenommen wird, umso stärker ist das Gefühl, "gefangen" zu sein. Diesem Gefühl können Sie gegensteuern – für sich selbst, aber auch für Ihren Gesprächspartner:

Die Situation wird als Dauerzustand wahrgenommen.

Hilfreich kann es sein, die Vorstellung des Dauerzustandes aufzulösen und das Thema in einen größeren zeitlichen Zusammenhang zu stellen: Wie wichtig wird mir / Ihnen das in 20, 30, 40 Jahren sein?

Die Situation wird als lebenswichtig wahrgenommen.

Spielen Sie ein Worst-Case-Szenario durch: Angenommen, der schlimmste Fall würde eintreten, was wäre das? – Wie würde ich / wie würden Sie darauf reagieren?

Die Situation wird als beherrschend wahrgenommen.

Sie bzw. Ihr Partner beschäftigen sich intensiv mit einem Problem. Das kann so stark beanspruchen, dass eine Gedankenschleife entsteht, die keine anderen Denkvorgänge mehr zulässt. gefangen. Stellen Sie (sich) die Frage: Was ist mir/Ihnen im Leben am wichtigsten? – Wie wirkt sich die konkrete Situation darauf aus?

Alle diese Fragen verfolgen den einen Zweck, ein größeres Blickfeld zu eröffnen. Wenn Sie die Aufmerksamkeit auf diese Weise erweitern, werden Sie bzw. Ihr Partner eine körperlich fühlbare Entlastung wahrnehmen und unmittelbar handlungsaktive Impulse spüren.

- ***Auszeit nehmen***

  Nutzen Sie die Möglichkeit, aus einer Überforderung kurzfristig auszusteigen. Gehen Sie gedanklich in den Abstand und geben Sie sich oder der anderen Person eine Pause. Gehen Sie einen Kaffee holen oder lassen Sie frische Luft herein, schlagen Sie einen Spaziergang vor. - Was auch immer. Eine kurze Unterbrechung der angespannten Situation kann Wunder wirken.

Widerstandsfähigkeit entwickeln

Der Begriff der Widerstandsfähigkeit umfasst Umstände und Eigenschaften, die dem Menschen dabei helfen, die negativen Effekte von Widrigkeiten zu bewältigen. Widerstandsfähigkeit ermöglicht es, Misserfolge und Rückschläge zu verkraften, sich an eine veränderte Sachlage anzupassen und aus schwierigen Erfahrungen zu lernen.

Der Grad der Widerstandsfähigkeit ist von unserer inneren Haltung abhängig, aber auch von äußeren Umständen. Beide sind in gewissen Grenzen beeinflussbar, so dass jeder selbst etwas dazu beitragen kann, seine eigene Widerstandsfähigkeit zu stärken.
Der amerikanische Psychologenverband American Psychological Association (APA) gibt zur Entwicklung der eigenen Widerstandsfähigkeit folgende zehn Empfehlungen:

1. **Knüpfen Sie Verbindungen.**
   Gute Beziehungen zu anderen Menschen sind die Basis für ein starkes Selbstwertgefühl.

2. **Betrachten Sie Krisen nicht als unüberwindliche Probleme.**
   Sie können nicht verhindern, dass in Ihrem Leben belastende Ereignisse auftreten; aber Sie können bestimmen, wie Sie diese interpretieren und wie Sie darauf reagieren wollen.

3. **Akzeptieren Sie, dass Veränderung ein Teil des Lebens ist.**

   Es hilft Ihnen, wenn Sie das Unvermeidliche akzeptieren, weil Sie sich dann auf die Dinge konzentrieren können, die Sie beeinflussen können.

4. **Verfolgen Sie konsequent Ihre Ziele.**
   Versuchen Sie, sich Ihre Ziele möglichst präzise vorzustellen und planen Sie jeden Tag, was Sie heute unternehmen können, um dem Ziel einen Schritt näher zu kommen.

5. **Handeln Sie mit Entschlossenheit.**
   Wenn Ihnen eine unangenehme Situation begegnet, handeln Sie so schnell und so entschlossen wie möglich.

6. **Suchen Sie nach Möglichkeiten, sich selbst zu entdecken.**
   Denken Sie an Ihre Kämpfe und Verluste und achten sie darauf, wie Sie daran gewachsen sind.

7. **Betrachten Sie sich selbst positiv und wohlwollend.**
   Vertrauen Sie in Ihre Fähigkeiten zur Problemlösung und auf Ihre Intuition.

8. **Behalten Sie die Geschehnisse in der richtigen Perspektive.**
   Üben Sie sich in einer langfristigen Sichtweise und stellen Sie die Ereignisse in einen größeren Zusammenhang.

9. **Bewahren Sie sich einen positiven Blick auf die Zukunft.**
   Richten Sie Ihre Aufmerksamkeit darauf, was Sie erreichen wollen und nicht darauf, was Sie vermeiden wollen. Belasten Sie sich nicht mit Ängsten.

10. **Achten Sie auf sich selbst.**
    Entwickeln Sie eine Aufmerksamkeit für Ihrer eigenen Bedürfnisse und Gefühle. Suchen Sie sich Aktivitäten, die Ihnen Freude bereiten und Entspannung vermitteln.

Wenn Sie auf diese Weise Ihre Widerstandsfähigkeit trainieren und ausbauen, verringern Sie die Gefahr, spontan zu reagieren und die Steuerung des Geschehens den primitiveren Gehirn-arealen zu überlassen. Durch eine Beobachtung des Geschehens aus einer sicheren Position heraus bewahren Sie sich den Blick für Ihr eigentliches Ziel und sie versammeln Ihre Kräfte zur Zielerreichung. Gleichzeitig vermeiden Sie zerstörerische oder zeit- und kostenintensive Konfliktszenarien
.

Dimensionen des Konfliktverhaltens

Es gibt viele Möglichkeiten, wie wir uns in Konflikten verhalten können. Die Bandbreite reicht von aggressivem Kampf bis zur völligen Kapitulation. Die beiden wichtigsten Dimensionen sind Selbstbehauptung und Fremdnützigkeit.

Selbstbehauptung

Oben habe ich ausgeführt, dass Konflikte auf der angenommenen Unvereinbarkeit von Positionen beruhen, in Wahrheit aber auf nicht erfüllte Bedürfnisse zurückzuführen sind. Der Grad der Durchsetzung oder Selbstbehauptung zeigt an, wie stark eine Partei versucht, ihre eigenen Bedürfnisse zu verwirklichen oder Unterstützung für ihre Ideen zu finden.

Fremdnützigkeit

Die Dimension der Fremdnützigkeit zeigt an, wie sehr eine Partei darauf achtet, dass (auch) die Bedürfnisse der anderen Partei befriedigt werden oder wie aufgeschlossen sie für die Ideen der anderen Partei ist.

Beide Merkmale schließen sich nicht gegenseitig aus, sondern stellen zwei unabhängige Größen mit eigener Aussagekraft dar: Sie können Ihre eigene Position durchsetzen und trotzdem den anderen kooperativ unterstützen. Und umgekehrt können Sie die eigene Position aufgeben und dabei zugleich die Interessen der anderen Partei ignorieren oder durch passiven Widerstand bekämpfen.

Selbstbehauptung und Fremdnützigkeit sind als Ausprägungen von Konfliktstrategien in Kombinationen denkbar:

Selbstbehauptung	Fremdnützigkeit
+	-
-	+
+	+
-	-

Abb. 4: Dimensionen des Konfliktverhaltens

Diese Ausprägungen von Selbstbehauptung und Fremdnützigkeit bilden Markierungen einen zweidimensionalen Raum. In ein Koordinatensystem lassen sich fünf Grundformen des Konfliktverhaltens verorten: Wettstreit, Zusammenarbeit, Vermeidung und Anpassung als Extreme und den Kompromiss als vermittelnde Position.

In einem solchen Koordinatensystem verdeutlichen die Werte auf der X-Achse und der Y-Achse die unterschiedlichen Grundmuster des Konfliktverhaltens in Bezug auf die Dimensionen von Durchsetzen und Nachgeben.

Dimensionen des Konfliktverhaltens

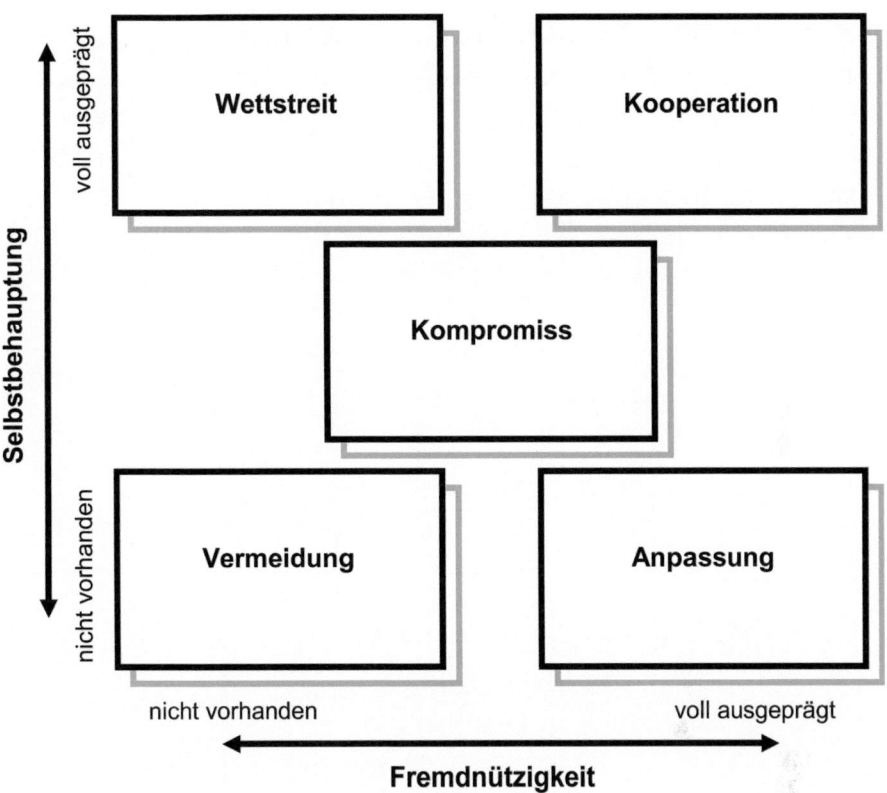

Abb. 5: Konfliktmodelle nach Thomas/Kilman

Wichtig ist, dass diese Unterscheidung keine Bewertung der Personen bedeutet, sondern verschiedene Strategien allein unter den Aspekten von Durchsetzen und Rücksicht betrachtet. Es handelt sich vor allem um eine Frage der generellen Haltung im Konflikt und weniger um eine Einordnung oder gar eine Beurteilung im Sinne von stark oder schwach, gut oder schlecht.

Jeder Konfliktmodus hat spezifische Charakteristika, die in der Zielsetzung und auch im Verhalten Ausdruck finden. Die Abbildung unten gibt Ihnen einen ersten Überblick über die wesentlichen Unterschiede und zeigt einige Beispiele, wie sich die Konflikthaltung auf das Konfliktverhalten auswirken kann. Das soll Ihnen eine erste Orientierung für Ihre eigene Konflikthaltung und die der Gegenpartei geben.

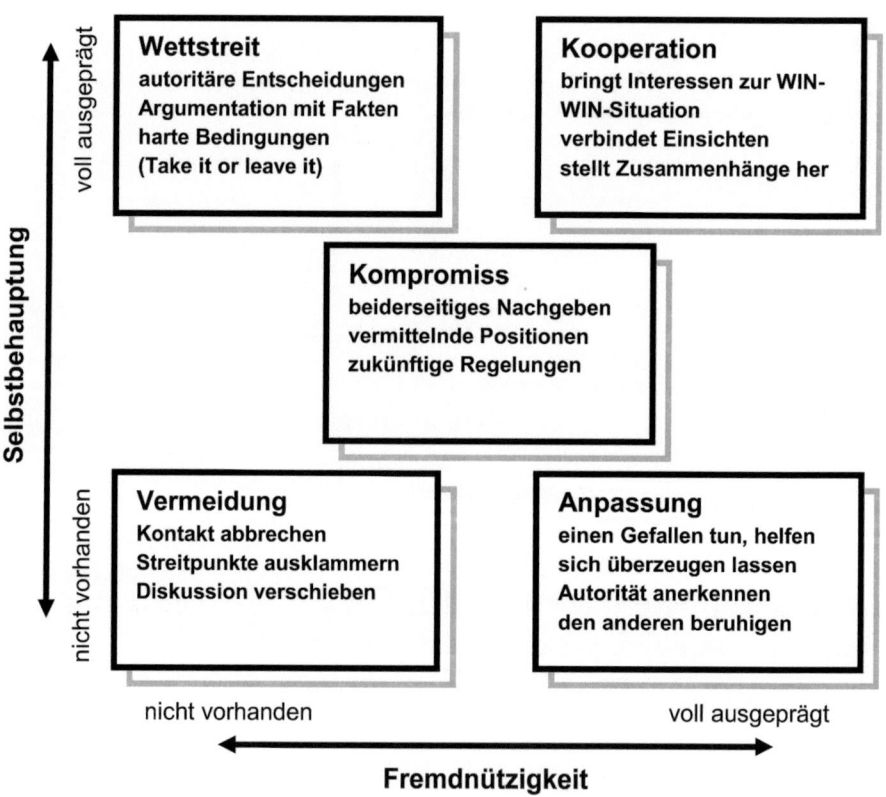

Abb. 6: Spezifische Merkmale der Konfliktmodelle nach Thomas/Kilman

- **Wettstreit**

  ist hochgradig selbstbehauptend und nicht kooperativ. Hier geht es nur darum, die eigene Position durchzusetzen – oft auf Kosten der anderen Partei. Verteilungskämpfe um begrenzte Ressourcen sind typisch für den Wettstreit. Die Bereitschaft der Gegenseite zur Kooperation ist folglich nur schwach ausgeprägt. Der Wettstreit-Modus gefährdet generell die Beziehung zum Streitpartner. Und jedes Scheitern kann ein Risiko für die eigene Autorität bedeuten.

- **Kooperation**

  verwirklicht Selbstbehauptung und Kooperation umfassend. Ziel ist eine WIN-WIN-Situation, die alle Bedürfnisse im vollen Umfang befriedigt. Kooperation findet statt, wenn eine Entwicklung durch gemeinsame Anstrengungen vollzogen werden muss. Dieser Konfliktstil wirkt hochgradig beziehungsstiftend und erzeugt dauerhafte Bindung. Der Nachteil ist der damit verbundene Aufwand an Zeit und Energie.

- **Vermeidung**

  beinhaltet weder Selbstbehauptung noch Kooperation. Eine Partei steigt (vorübergehend) aus dem Konflikt aus und akzeptiert damit, dass (vorerst) keine Bedürfnisse verwirklicht werden. Durch Konfliktvermeidung kann man sich vorübergehend "Luft verschaffen" oder eine Situation entkrampfen oder verhindern, dass Auseinandersetzungen über Kleinigkeiten Kräfte binden. Konfliktvermeidung wirkt allerdings auf Dauer destruktiv und verhindert Fortschritt.

- *Anpassung*

  beschreibt ein Konfliktverhalten ohne Selbstbehauptung, das aber hochgradig entgegenkommend ist. Eigene Verluste werden akzeptiert, um das Bedürfnis der anderen Partei zu befriedigen. Mit Anpassung oder Nachgeben kann man sich den Goodwill des Streitpartners sichern, um bei nächster Gelegenheit eine Gegenleistung einzufordern. Bei wichtigen Anliegen ist diese Strategie schädlich. Und auf Dauer schwächt sie die eigene Position, weil sie zum allmählichen Aufbau von Verlusten führt.

- *Kompromiss*

  bezeichnet eine Mittelstellung zwischen Selbstbehauptung und Kooperation. Hier geht es darum, einen akzeptablen Weg zur Befriedigung aller Bedürfnisse zu finden, wobei in Kauf genommen wird, dass die Bedürfnisse nur teilweise erfüllt werden. Der Kompromiss löst keine Probleme, erzeugt aber schnell gemeinsame Ergebnisse. Auf Dauer gesehen sind Kompromisse destruktiv, weil sie die kurzfristige Ökonomie in den Vordergrund stellen und dabei stets eigene Verluste in Kauf nehmen.

Die Merkmale, die Vor- und Nachteile der einzelnen Konfliktmodi und die Einsatzgebiete werden wir noch genauer betrachten. Mit der Beschreibung der unterschiedlichen Konfliktmodi ist noch keine Aussage über die Effizienz getroffen. Um den Grad der Zielerreichung und den dazu notwendigen Aufwand sinnvoll beurteilen zu können, müssen Sie weitere Faktoren heranziehen. Damit befassen wir uns in den nächsten Kapiteln.

Verteilungsdynamiken

Bei der Wahl der Konfliktstrategie spielen zwei Faktoren eine entscheidende Rolle, nämlich die Frage der Verteilung begrenzter Ressourcen auf der einen Seite und die Dynamik der Schaffung zusätzlicher Werte auf der anderen. Beide Aspekte betreffen den Ausgleich im Konflikt und sind für die Steuerung des Konfliktgeschehens maßgeblich. Denn sie bestimmen nicht nur, wie groß die Anteile am Kuchen sind, sondern auch wie groß der Kuchen ist. Es liegt auf der Hand, dass beide Faktoren zusammenwirken: Das Teilen fällt leichter, wenn der Kuchen vergrößert werden kann.

Die Wirkung der beiden Faktoren lässt sich besser verstehen, wenn wir uns das an einem Beispiel mit zwei Konfliktparteien veranschaulichen.

Verteilung: Die Anteile am Kuchen

Im Kampf um die Aufteilung begrenzter Ressourcen stellt sich (nur) die Frage, wie groß das Kuchenstück ist, das jeder bekommt. In der Grafik auf der folgenden Seite zeigen die unterschiedlich eingefärbten Teile an, zu welchem Grad die Bedürfnisbefriedigung für alle Parteien insgesamt angestrebt wird.

Je mehr die eigene Strategie in Richtung Wettstreit tendiert, umso mehr steht das Streben nach Befriedigung der eigenen Bedürfnisse im Vordergrund. In einem auf Selbstbehauptung ausgerichteten Verteilungskampf strebt jeder den ganzen Kuchen an. Zugleich verringert sich die Bereitschaft, die Bedürfnisse der anderen Partei zu erfüllen. Bei einer anpassenden Strategie verhält es sich genau umgekehrt. Hier steht der fremde Nutzen im Vordergrund und die Selbstbehauptung weicht zurück. Bitte machen Sie sich an dieser Stelle nochmals klar, dass es bei den verschiedenen Haltungen nur um eine strategische Ausrichtung handelt, die in Bezug auf einen anderen Streitgegenstand wieder wechseln kann. Das hängt auch von der Kraft der zweiten Dynamik im Konfliktgeschehen ab.

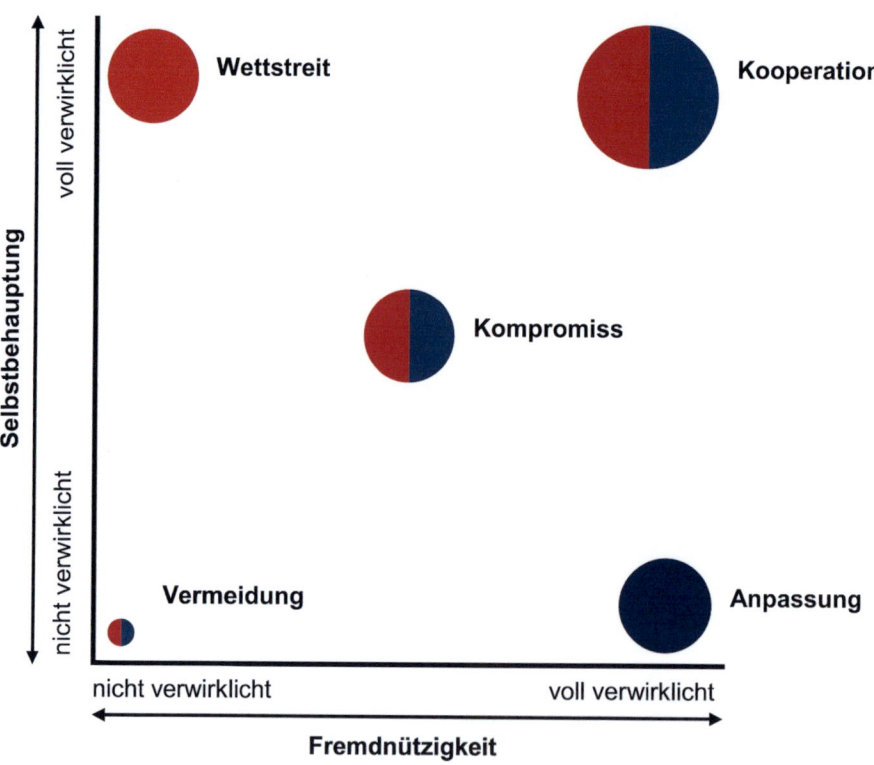

Abb. 7: Die Verteilung der Kuchen

Wertschöpfung: Die Größe des Kuchens

Die andere Dynamik ist die Wertschöpfung. Die mit einer Strategie verbundene Intention zur Wertschöpfung ist durch die unterschiedlich großen Kuchen abgebildet.

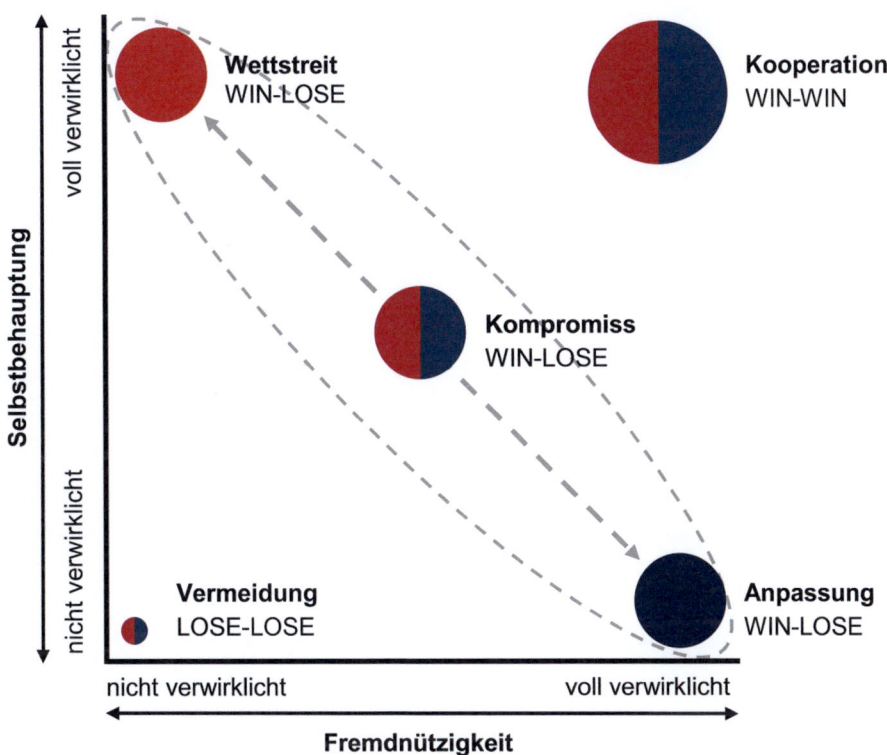

Abb. 8: Wertschöpfung – Die Größe der Kuchen

Aus dem Grad der intendierten Wertschöpfung ergeben sich verschiedene Aspekte der Konfliktstrategien unter dem Blickwinkel einer WIN-WIN, WIN-LOSE oder LOSE-LOSE Orientierung.

- In der Position der *Vermeidung* ist die Zielsetzung zur Mehrung der Verteilungsmasse nicht vorhanden. Weil der Streitgegenstand nicht verhandelt wird, kann kein Bedürfnis verwirklicht werden. Damit führt Vermeidung für keine der Parteien zu einem Gewinn. Daher kann diese Haltung auch mit LOSE-LOSE bezeichnet werden.

- Die Haltungen *Wettstreit, Kompromiss und Anpassung* repräsentieren Kämpfe um begrenzte Ressourcen. Auch hier geht es nicht um die Mehrung der Verteilungsmasse, sondern nur um die Aufteilung. Der Kuchen ist aber nicht groß genug um die Bedürfnisse beider Parteien vollständig zu befriedigen. WIN-LOSE-Konfliktstrategien sind ein Null-Summen-Szenario. Sie erreichen nur die vollständige Befriedigung einer Partei auf Kosten der anderen oder – im Kompromiss - die teilweise Befriedigung beider Parteien. Aber es bleibt nur ein Verteilungskampf ohne eigens Schöpfungspotenzial.

- Erst die *Zusammenarbeit* beendet den Verteilungskampf und vergrößert den Kuchen, so dass beide Parteien volle Erfüllung ihrer Bedürfnisse erreichen können. Hier richtet sich das Streben auf die Befriedigung der Bedürfnisse aller Parteien durch eine Vergrößerung der Verteilungsmasse. Konfliktlösung durch Zusammenarbeit ist hochgradig wertschöpfend.

Investition und Ertrag

Es wäre zu kurz gegriffen, die Zusammenarbeit bei der Konfliktbewältigung als optimale Strategie zu bezeichnen. Konfliktlösungen sind immer mit Anstrengung und Aufwand von Zeit und Geld verbunden. Die Bereitschaft zu einem solchen Einsatz hängt daher maßgebend von der Gewinnerwartung ab und von der Wertigkeit des Gewinns.

- Wer eine Auseinandersetzung vermeidet, muss keine Zeit und Energie auf den Streitgegenstand verwenden. Es kann sinnvoll sein, einen Streit zu vermeiden - sei es weil die Ressourcen anderweitig benötigt werden oder weil die Aussicht auf einen lohnenswerten Ertrag nicht ausreichend erscheint. Es wird zwar nichts gewonnen, aber auch keine verlorene Investition getätigt.

- WIN-LOSE-Strategien – also Wettstreit, Kompromiss und Anpassung – verlangen nur einen begrenzten Einsatz. Aus der Annahme von unvereinbaren Positionen und einer begrenzten Verteilungsmasse ergeben sich nur die Alternativen, den eigenen Anspruch durchzusetzen, den der anderen Partei zu erfüllen oder sich irgendwo in der Mitte zu treffen. Hier bleibt die Auseinandersetzung an der Oberfläche, die Gewinnchancen sind von vornherein auf die zu verteilende Masse begrenzt, aber der Aufwand ist ebenso überschaubar.

- Wertschöpfung erfordert dagegen viel Zeit und Energie und verlangt eine intensive Befassung mit dem Gegenstand des Konflikts. Wer sich für die Zusammenarbeit entscheidet, trifft immer eine Investitionsentscheidung in der Hoffnung, einen zusätzlichen Gewinn (für beide Parteien) zu erzeugen. Das Risiko von Aufwand ohne Resultat ist hier am höchsten, die Gewinnaussichten allerdings auch.

Die Wahl der Konfliktstrategie ist stets eine ökonomische Entscheidung. Die optimale Strategie sucht immer das beste Verhältnis von Aufwand und Ertrag. Das ist natürlich stark von der konkreten Situation abhängig. Allerdings gibt es bestimmte Konstellationen, die regelmäßig eine bestimme Konflikthaltung nahelegen. Das stelle ich weiter unten dar.

Verteilungskämpfe

Im Verteilungskampf um begrenzte Mittel geht es von vornherein nur darum, ein möglichst großes Stück vom definierten Kuchen zu erhalten. Der Verteilungskampf zeigt sich immer als WIN-LOSE-Aktivität. Die Verteilungsmasse selbst bleibt immer gleich groß. Spieltheoretisch ist es ein Null-Summen-Spiel: Der eigene Anteil besteht immer aus dem Verlust der anderen Partei und kann auch nur auf Kosten der anderen Partei vergrößert werden. Daher bestimmen Selbstbehauptung und Kampf oder einseitiges Nachgeben das strategische Repertoire.

- Vermeidung zeigt sich in Verteilungskämpfen als gebende Haltung. Man stabilisiert die Beziehung zur anderen Partei und sichert sich vielleicht auch ihr Entgegenkommen, indem man seine eigene Position aufgibt und den eigenen Verlust in Kauf nimmt.

- Beim Kompromiss halten sich Geben und Nehmen die Waage. Es gibt keine eindeutigen Gewinner und Verlierer. Die Gefahr für die Beziehung hält sich in Grenzen, aber das wird damit erkauft, dass die eigene Position nur teilweise durchgesetzt werden kann.

- Wettbewerbsstrategien zielen auf den ganzen Kuchen ab. Es geht ums Gewinnen auf Kosten des anderen. Der zu erwartende große Widerstand bis hin zum Beziehungsabbruch wird dabei bewusst als Risiko in Kauf genommen.

Daraus ergibt sich die Dynamik, dass die belastete Partei umso größeren Widerstand leisten wird, je größer der beanspruchte Anteil ist. Die belastete Partei wird ihren Widerstand steigern, je stärker sie ihre eigene Position einschätzt und je größer der drohende Verlust ist. Wenn der verbleibende Anteil gegen Null tendiert, kann der Widerstand sogar überproportional ansteigen. Ab einem bestimmten Punkt kommt die Effizienzfrage beim Wettstreit zum Tragen: Irgendwann übersteigt der Aufwand den realistisch zu erwartenden Anteil am Kuchen (Break-Even-Point). Für die unterlegene Partei bleibt dann nur noch die Möglichkeit aus dem Konflikt auszusteigen und die Verluste abzuschreiben oder um die Existenz zu kämpfen. Damit verhärten sich die Fronten und die Beziehung der Parteien wird entsprechend strapaziert. Die Bereitschaft zum Abbruch der Beziehung steigt signifikant.

Das Verhalten und die Strategie in Verteilungskämpfen werden oft durch diese Risiken beeinflusst.

Wahl der Konflikthaltung

Jeder Konfliktmodus hat spezifische Vorzüge und Nachteile. Es geht also darum, wie Sie Ihren Konfliktstil bewusst auswählen und die Strategien planvoll umsetzen.

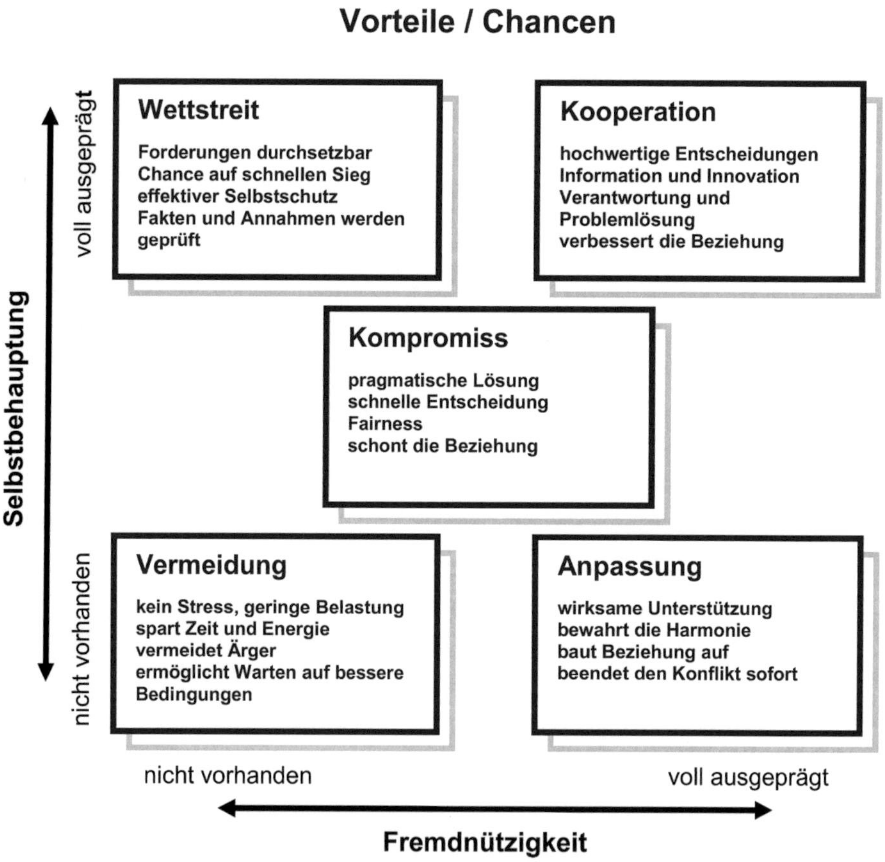

Vorteile / Chancen

Wettstreit

Forderungen durchsetzbar
Chance auf schnellen Sieg
effektiver Selbstschutz
Fakten und Annahmen werden geprüft

Kooperation

hochwertige Entscheidungen
Information und Innovation
Verantwortung und
Problemlösung
verbessert die Beziehung

Kompromiss

pragmatische Lösung
schnelle Entscheidung
Fairness
schont die Beziehung

Vermeidung

kein Stress, geringe Belastung
spart Zeit und Energie
vermeidet Ärger
ermöglicht Warten auf bessere
Bedingungen

Anpassung

wirksame Unterstützung
bewahrt die Harmonie
baut Beziehung auf
beendet den Konflikt sofort

Selbstbehauptung — voll ausgeprägt / nicht vorhanden

Fremdnützigkeit — nicht vorhanden / voll ausgeprägt

Abb. 9: Vorteile der Konfliktmodelle

[44]

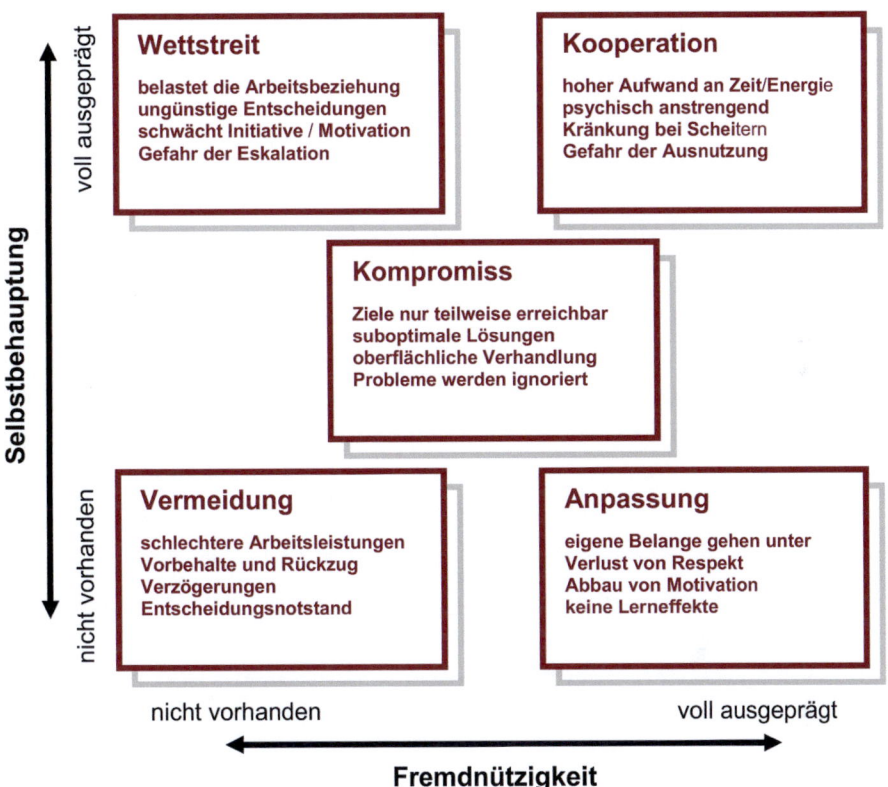

Nachteile / Risiken

Wettstreit

belastet die Arbeitsbeziehung
ungünstige Entscheidungen
schwächt Initiative / Motivation
Gefahr der Eskalation

Kooperation

hoher Aufwand an Zeit/Energie
psychisch anstrengend
Kränkung bei Scheitern
Gefahr der Ausnutzung

Kompromiss

Ziele nur teilweise erreichbar
suboptimale Lösungen
oberflächliche Verhandlung
Probleme werden ignoriert

Vermeidung

schlechtere Arbeitsleistungen
Vorbehalte und Rückzug
Verzögerungen
Entscheidungsnotstand

Anpassung

eigene Belange gehen unter
Verlust von Respekt
Abbau von Motivation
keine Lerneffekte

Selbstbehauptung · voll ausgeprägt · nicht vorhanden

nicht vorhanden · voll ausgeprägt

Fremdnützigkeit

Abb. 10: Nachteile der Konfliktmodelle

Effektives Konfliktmanagement verlangt zum einen die Wahl der passenden Konflikthaltung aber auch die Fähigkeit, die entsprechenden Methoden effizient anzuwenden. Konfliktkompetenz lässt sich damit in zwei Elemente unterteilen: Einmal gehört dazu die Fähigkeit, die Vor- und Nachteile einer bestimmten Strategie zu erkennen und die Ausgangslage zu beurteilen.

Zum anderen gehören dazu aber auch die Soft Skills, die für die gewählte Strategie notwendig sind. Jeder Konfliktmodus stellt eigene Anforderungen, damit die optimale Strategie zielorientiert umgesetzt werden kann. Das eingangs vorgestellte "Trainingsprogramm" soll Ihnen diese Aufgabe erleichtern.

Konfliktmodelle planvoll einsetzen

Die "beste Konfliktstrategie" an sich gibt es nicht.

Ob Sie die Chancen realisieren und die Risiken vermeiden, hängt maßgebend davon ab, ob Ihre Strategie zu den Rahmenbedingungen passt. Wenn Sie auf den Goodwill Ihres Partners angewiesen sind, führt ein "Take it or leave it" vermutlich nicht zu optimalen Ergebnissen. Ist der Streit unbedeutend und die Beziehung zum Streitpartner nicht wichtig, verschwenden Sie Energie, Zeit und Geld, wenn Sie langwierige Verhandlungen anstoßen. In diesem Sinne lassen sich die Situationen typisieren, in denen eine bestimmte Konfliktstrategie mit höherer Wahrscheinlichkeit zum Erfolg führt als eine andere oder in denen Aufwand und Ertrag einer Strategie eher außer Verhältnis stehen. Anhand einer solchen Typologie können Sie den Streit analysieren, was die Wahl Ihres Konfliktstils erleichtert. Hier ist die Frage der strategischen Haltung angesprochen.

Die hier verschiedenen Konfliktmodelle, die wir uns gleich genauer anschauen, spiegeln die innere Haltung oder Absichten. Jede Einstellung zu einem Konfliktgeschehen kann auf verschiedene Weise in Handlungen umgesetzt werden. Der Kostennutzen ist deshalb auch davon abhängig wie gut es gelingt, die Strategie umzusetzen. Konfliktgeschehen sind zirkuläre Kreisläufe - der Streitpartner muss das Modell also "mitspielen". Dabei bieten bestimmte Verhaltensweisen eine bessere Erfolgsaussicht als andere oder verursachen geringere Kosten oder Schäden. Neben dem strategischen Konzept benötigen Sie also ein Repertoire an Fähigkeiten im Streitverhalten, die Sie situationsgerecht und zielorientiert einsetzen können.

Menschen mit wenig Erfahrung im Konfliktmanagement neigen zu der Auffassung, dass in einem Streit immer auch unvermeidbare Folgen hingenommen werden müssen. So wie man kein Omelette zubereiten kann, ohne ein Ei zu zerschlagen. Tatsächlich gibt es für jede Konfliktstrategie auch erlernbare Techniken, die unerwünschte Nebenwirkungen vermeiden oder abmildern. Man kann lernen, im Wettbewerb zu streiten ohne Verärgerung auszulösen, man kann Kompromisse schließen, ohne schwach zu erscheinen oder einem Streit ohne Ausweichmanöver aus dem Weg gehen.

Die folgenden Abschnitte zeigen, unter welchen Bedingungen die verschiedenen Strategien sinnvoll eingesetzt werden können und welche "Werkzeuge" dabei hilfreich sein können.

Das Wettstreitmodell

Das Wettstreitmodell im Überblick

Im Wettbewerb nimmt eine Partei den Standpunkt ein, der die eigenen Bedürfnisse befriedigt. Das steht im Vordergrund, nicht die Bedürfnisse der Gegenseite. Das Ziel ist, sich durchzusetzen. Das erfordert den Einsatz von Macht. Oft muss der Widerstand der Gegenpartei gebrochen werden.

Typische Merkmale

- autoritäre Entscheidungen
- Argumentation mit Fakten / Zahlen

Vorteile

- Forderungen werden durchgesetzt
- bietet Chance auf schnellen Sieg
- effektiver Selbstschutz
- Fakten und Annahmen werden geprüft

Nachteile

- belastet die Arbeitsbeziehung
- ungünstige Entscheidungen
- schwächt Initiative und Motivation
- Gefahr der Eskalation

Vorüberlegungen

Der Nutzen des Wettstreit-Modus liegt gerade darin, dass er auf schnellem Weg die eigenen Bedürfnisse befriedigen kann. Der Aufwand bleibt vergleichsweise gering und der Streit wird klar und eindeutig entschieden. Das Risiko unerwünschter Nebenfolgen tritt hinter die Bedeutung des Anliegens zurück.

Sparsamer Gebrauch

Der Wettstreitmodus hat starke Nebenwirkungen und sollte daher nicht übermäßig gebraucht werden. Auch wenn manche Situationen die Durchsetzung erfordern, kann ein zu häufiger Einsatz die Streitbeziehung ernsthaft belasten. Außerdem ist der Aufwand relativ hoch. Gerade harte Entscheidungen fordern einen hohen persönlichen Einsatz. Mit Macht oder Zwang durchgesetzte Entscheidungen haben negative Auswirkung auf die Motivation in Arbeitssystemen.

In gesteigerter Form ist der Wettbewerbsmodus sogar destruktiv. Menschen reagieren auf starke Zwänge besonders empfindlich. Deshalb reichen schon wenige Einsätze aus, um eine negative Meinung über den Streitpartner zu verfestigen.

Wettstreit nur um vitale Anliegen
- wenn die Zusammenarbeit ausscheidet

Geht die Auseinandersetzung um ein sehr wichtiges Anliegen oder einen wertvollen Anspruch tendiert man eher zu den Konfliktmodellen mit einem hohen Grad an Selbstbehauptung, um möglichst volle Zielerreichung oder maximalen Schutz der eigenen Interessen zu gewährleisten. Dabei wird aber übersehen, dass der kooperative Konfliktstil oft genauso gut geeignet ist, um Ziele zu verwirklichen und zudem noch die Chance für einen überschießenden Gewinn eröffnet. Der Aufwand einer Zusammenarbeit entspricht in vielen Fällen dem einer langwierigen und harten Auseinandersetzung. Risiken und Schäden werden aber vermieden, so dass der kooperative Stil oft die bessere Alternative ist.

Wenden Sie den konkurrierenden Konfliktstil nur an, wenn die Streitigkeit um einen hohen Einsatz geht oder wertvolle Interessen geschützt werden müssen. Prüfen Sie genau, ob kooperative Modelle wirklich nicht durchführbar sind.

Nur mit Durchschlagskraft

Der Wettstreitmodus ist hochgradig riskant. Er gefährdet die Beziehung zum Streitpartner und kann Folgeschäden anrichten, die Sie nicht übersehen. Vor allem aber erzeugen Sie eine Situation, in der Sie sich selbst unter Druck setzen. Wenn Sie den Wettstreit beginnen, müssen Sie ihn auch zu Ende führen und Sie müssen ihn gewinnen. Andernfalls verlieren Sie an Glaubwürdigkeit und Autorität. Der Wechsel in einen anderen Modus (z.B. in den Kompromiss) kostet Sie Ansehen und Sie investieren unter Umständen mehr als die Sache wert ist. Starten Sie den Wettstreit nur dann, wenn Sie sicher sind, dass Sie mit vertretbarem Aufwand die Oberhand behalten.

Strategiewahl

Es gibt einige "Klassiker", bei denen das Wettbewerbsmodell als Konflikthaltung sinnvoll eingesetzt werden kann. Ich stelle Ihnen die wichtigsten Situationen vor:

- *Wenn Sie wissen, dass Sie im Recht sind*

  Von Zeit zu Zeit mag es geschehen, dass Sie bestimmte Sachverhalte besser überblicken als andere. Sie haben vielleicht mehr Erfahrung auf dem betreffenden Gebiet oder verfügen über besseres Wissen. Ähnlich sind auch die Situationen zu betrachten, in denen Sie weniger als andere voreingenommen sind und nicht durch eigennützige Überlegungen beeinflusst werden. Geht es um eine Regelung, die für Ihre Organisation von überragender Wichtigkeit ist, und erwarten Sie Widerstand von anderen, dann ist es notwendig, dass Sie Ihren Standpunkt so überzeugend vertreten wie möglich.

- *Wenn Sie unpopuläre Maßnahmen treffen müssen*

  Als Führungskraft müssen Sie manchmal Entscheidungen treffen und umsetzen, die einzelne Personen besonders hart treffen können. In diese Gruppe gehören sicherlich Entlassungen, aber auch Budgetkürzungen, organisatorische oder disziplinarische Maßnahmen. Sie dürfen nicht damit rechnen, dass Ihre Maßnahmen durch die Betroffenen unterstützt werden, sondern müssen eher mit Widerstand rechnen. Setzen Sie diese Maßnahmen mit Bestimmtheit und Entschlossenheit durch.

- *Wenn eine schnelle Entscheidung nötig ist*

In Krisensituationen, die sofortige Rettungsmaßnahmen erfordern, werden Sie oft nicht die Zeit haben, sich auf Diskussionen einzulassen. In Notfällen ist es erforderlich, dass eine Person mit Autorität und/oder Fachwissen die Führung übernimmt und klare Anweisungen gibt. Kooperative Modelle sind hier eher schädlich.

- *Wenn Sie hart angegriffen werden*

Sie müssen sich selbst verteidigen, wenn Sie in einem Streit attackiert werden und es um wertvolle Interessen geht. Das ist z.B. der Fall, wenn in einem Meeting Ihre Fachkompetenz mit unfairen Mitteln in Zweifel gezogen wird. Dann ist es wichtig, dass Sie diesem Angriff auf Ihre Person entschlossen entgegentreten. Sie müssen verhindern, dass sich andere dieser Sichtweise anschließen.

- *Wenn die Kooperation scheitert*

Zahlreiche Untersuchungen zeigen, dass das Management besonders effektiv arbeitet, wenn die Mitarbeiter einen kooperativen Führungsstil pflegen und gerade bei wichtigen Angelegenheiten eine gemeinsame Entscheidung anstreben. Trotzdem lässt sich nicht in jedem Fall eine Übereinkunft erreichen. Dann macht es Sinn, die Entscheidung auf die Person(en) zu übertragen, die in Bezug auf diese Angelegenheit mit den größten Machtbefugnissen ausgestattet ist bzw. sind. Diese Führungsperson trifft dann eine Anordnung, die nach Möglichkeit auch die in der Diskussion geäußerte Bedenken und abweichenden Positionen berücksichtigt. Die Übertragung der Entscheidungsgewalt spart Zeit. Außerdem wird verhindert, dass der Konflikt eskaliert, indem einzelne Parteien, die nicht einverstanden sind, die Entscheidung durch Debatten zu verhindern versuchen.

- ### *Wenn Menschen zu rücksichtsvoll sind*

In Arbeitsteams mit einem sehr guten Zusammenhalt pflegen die Gruppenmitglieder oft einen sehr rücksichtsvollen und höflichen Umgang miteinander. Das Arbeitsteam schwelgt im Gruppengefühl und erzeugt ihr eigenes Wertesystem (Korpsgeist), das auf den Zusammenhalt der Gruppe gerichtet ist. Dieses Wertesystem beeinflusst die Arbeitsweise und die Entscheidungen der Gruppe - und das ist nicht immer im Interesse des Unternehmens. Unangenehme Entscheidungen werden nicht getroffen, notwendige Auseinandersetzungen nicht geführt und wichtige Impulse bleiben aus oder Bedenken unausgesprochen. Die Ergebnisse der Teamarbeit leiden darunter.

Um das zu verhindern, können Sie bestimmte kontradiktorische Formen der Auseinandersetzung einführen:

Strukturierte Debatte

Sie lassen zwei Personen, die zu einem Schwerpunktthema unterschiedliche Meinungen haben in einer strukturierten Debatte gegeneinander antreten.

advocatus diaboli

Eine andere Möglichkeit ist, eine Person zum advocatus diaboli zu bestimmen. Seine Aufgabe ist es, die von der Mehrheit der Gruppe bevorzugte Position anzugreifen.

Den Wettstreitmodus umsetzen

überzeugen

In der Konflikthaltung "Wettstreit" geht es darum, mit dem Einsatz von Machtinstrumenten andere dazu zu bringen, dass sie Ihre Position oder Meinung akzeptieren. Der Einsatz von Macht hat stets unerwünschte Nebenwirkungen. Im Großen und Ganzen ist es immer besser, den anderen für Ihre Position zu gewinnen als obstruktiv Anordnungen zu treffen. Das ist bestimmt nicht immer einfach; aber wenn es Ihnen gelingt, die Vorteile Ihrer Lösung zu verdeutlichen, gewinnen Sie damit aktive Unterstützer für Ihr Anliegen.

- *Legen Sie das Fundament*

  Ihre Überzeugungskraft hängt teilweise davon ab, wie gut es Ihnen gelingt, alle relevanten Informationen über Ihr Anliegen zusammenzutragen und vorzubringen, aber auch wie Sie Ihre Beziehungen zu anderen Beteiligten darstellen. Generell können Sie Menschen leichter überzeugen, wenn Sie glaubwürdig sind und Sie deren Wohlwollen genießen. Achten Sie darauf, dass Sie innerhalb ihrer Organisation Glaubwürdigkeit und Wohlwollen aufbauen - und bereiten Sie sich gewissenhaft auf wichtige Themen vor.

- *Erklären Sie Ihre Motive*

  Gerade wenn Sie sich durchsetzen wollen, werden Sie auf Widerstand stoßen. Die Menschen werden Ihnen unterstellen, dass Sie machtbesessen sind, dass Sie geheime Ziele verfolgen, dass Sie es auf die abgehen haben oder dass Sie einfach deren Bedürfnisse missachten. Wie auch immer – diese Haltungen werden dazu führen, dass Sie mit Ihren

Ansprüchen abgewertet werden. Daher sollten Sie schon im Vorfeld Ihre Motive kurz erläutern. Und wenn Sie die Reaktionen vorhersehen können, nehmen Sie mögliche Angriffe vorweg.

- ***Gemeinsame Ziele in den Blick nehmen***

Wenn Sie andere davon überzeugen wollen, dass Ihre Position oder Lösung die beste ist, dann nehmen Sie Bezug auf gemeinsame Überzeugungen, Werte, Ziele. Die Rückbesinnung auf Gemeinsamkeiten stellt Ihre Position in einen größeren Zusammenhang: Die Ziele der Organisation, ethische Grundsätze oder das Wohl der Gesellschafter. Verdeutlichen Sie, dass Ihre Lösung diese Zusammenhänge berücksichtigt und wie sie diesen gemeinsamen Werten dient. Sie ersetzen so eine Debatte über Ziele durch eine Diskussion über Strategien.

- ***Seien Sie bestimmt und glaubwürdig***

Gerade in heißen Diskussionen werden Sie vielleicht dazu verleitet, Ihren Standpunkt mit Übertreibung und Zuspitzung zu verteidigen. Damit erreichen Sie aber keine höhere Durchschlagskraft Ihrer Argumente und Sie untergraben Ihre Glaubwürdigkeit auch für die Zukunft. Halten Sie sich an Fakten, Daten und Beweise. Tragen Sie diese ehrlich vor und begründen Sie damit Ihr Anliegen. Und legen Sie etwaige Zweifel ebenso offen wie Ihre Befürchtungen. Streben Sie eine Entscheidung an für den Fall, dass sich Ihre Annahmen bestätigen sollten.

fair kämpfen

Die Regeln der Fairness bilden Rahmen und Grenzen in jeder Auseinandersetzung. Sie verhindern, dass ein Streit außer Kontrolle gerät und destruktiv wird. Fairness erhöht außerdem die Wahrscheinlichkeit, dass eine zielführende Entscheidung akzeptiert wird. Fairness sichert also die Interessen der Organisation und schützt zugleich Ihre eigene Glaubwürdigkeit. Wenn Sie fair bleiben, erleichtern Sie es den anderen, Ihnen entgegenzukommen.

- *Bleiben Sie bei der Sache*

  In heißen Diskussionen kommt es vor, dass eine Partei alte Verletzungen ausgräbt. Der Streit wird dadurch nicht nur erweitert, sondern auf eine emotionale Ebene gehoben. Emotionale Verstrickungen erschweren die Lösung erheblich. Versuchen Sie deshalb, die Diskussion auf den aktuellen Streitgegenstand zu begrenzen. Emotionale Hindernisse klären Sie außerhalb ggf. in einem Vier-Augen-Gespräch.

- *Bleiben Sie respektvoll*

  Wenn Sie ungeduldig werden, achten Sie besonders darauf, dass Sie nicht unhöflich, überheblich oder sarkastisch werden. Behalten Sie Ihr Ziel im Auge, Bündnisse zu schließen und ein kollegiales Klima zu erzeugen. Sie wollen sich keine Feinde schaffen. Halten Sie sich mit bewertenden Äußerungen zurück. Wählen Sie stattdessen neutrale faktenbezogene Formulierungen.

- *Hören Sie zu*

  Auch wenn es schwer fällt: Lassen Sie den anderen ausreden. Nichts erschwert eine Auseinandersetzung mehr, als wenn eine Partei das Gefühl hat nicht zu Wort zu kommen oder nicht ernst genommen zu werden. Wenn Sie das Wort entziehen oder ein Argument lächerlich machen, kann das zu einem kurzfristigen Sieg verhelfen. Eine dauerhafte Lösung erreichen Sie damit aber nicht. Und Sie verlieren auf jeden Fall das Wohlwollen der anderen Partei. Hören Sie also genau zu und widerlegen Sie die Argumente ruhig und sachlich.

* **Spielen Sie Schiedsrichter**

Um selbst glaubwürdig zu sein, reicht es nicht aus, dass Sie sich selbst an die Spielregeln halten. Werden Sie aktiv, wenn andere die Regeln des fairen Streitens verletzen. So sichern Sie die Streitkultur und präsentieren sich als Person mit Übersicht. Das verleiht Ihnen mehr Autorität und Durchsetzungskraft – gerade wenn Sie die Person schützen, deren Ansicht Sie bekämpfen.

Warnungen statt Drohungen

Maßregelung ist eine Form der Machtausübung, die Sie äußerst sparsam als letztes Mittel einsetzen sollten. Jede autoritäre Maßnahme erzeugt Widerstand und zerstört Vertrauen. Drohung und Bestrafung können unerwünschte Gegenreaktionen auslösen. Natürlich wird es immer wieder zu Situationen kommen, wo Sie Ihr Gegenüber daran erinnern müssen, wer das Sagen hat. Die Frage ist, wie vermitteln Sie Ihre Autorität ohne das konstruktive Gesprächsklima zu zerstören. Drohungen sind dabei nicht das Mittel der Wahl.

- *Drohen Sie nicht*

Mit einer Drohung kündigen Sie eine Konsequenz an, wenn man Ihren Wünschen nicht Folge leistet. Die Drohung offenbart, dass Sie sich nicht auf andere Weise durchsetzen konnten. Ihr Dilemma ist dabei, dass Sie die Drohung in Wahrheit nicht verwirklichen wollen. Denn die Umsetzung jeder Drohung hat stets auch einen eigenen Verlust zur Folge. So führt die Drohung mit der Kündigung zur Auflösung eines womöglich gewinnbringenden Vertrages.

Drohungen haben eine ganze Reihe von Nebenwirkungen. Die Drohung erscheint stets als ein feindlicher Akt, der den anderen unterwerfen soll. Drohungen werden daher als willkürlich und unfair wahrgenommen. Und jede Drohung untergräbt Ihre Glaubwürdigkeit und Reputation. Das gilt erst Recht, wenn die Verwirklichung der Drohung Ihre eigenen Interessen schädigt. Dann stellt sich die Frage, ob Sie vielleicht nur bluffen. Wenn die Gegenseite es darauf ankommen lässt, müssen Sie zwischen zwei unerwünschten Alternativen wählen: Entweder Sie geben auf und räumen den Bluff ein; dann verlieren Sie Autorität – oder Sie müssen die Drohung umsetzen. So oder so verlieren Sie.

- *Setzen Sie Warnungen ein*

Im Gegensatz zur Drohung hat eine Warnung eine ganz andere Qualität. Die Warnung ist eine Aussage darüber, wie Sie Ihre eigenen Interessen schützen werden. Sie treten selbstbewusst auf und verdeutlichen, dass es um Ihre verantwortliche Entscheidung geht, die auf einer begründeten Abwägung beruht. Die Warnung ist immer mit Gründen ausgestattet. Sie vermittelt daher zusätzliche Informationen, die Ihren Standpunkt und die Notwendigkeit Ihrer Entscheidung darstellen. Die Warnung wirkt damit nicht so feindselig wie eine Bedrohung, sondern als Akt der Eigenverantwortung, der Ihrem Gegenüber auch Raum lässt, die Sachlage zu überdenken.

Nehmen wir das Beispiel eines Low-Performers:

Eine Drohung wäre etwa:
"Wenn Sie das geplante Budget überschreiten, werden wir personelle Konsequenzen ziehen."
Das ist feindselig und lässt Ihnen keine andere Wahl, wenn Sie nicht Ihre Autorität auf's Spiel setzen wollen.

Eine Warnung erweitert dagegen Ihre Spielräume:
"Eine Überschreitung des Budgets stellt das Projekt XY infrage und damit die Existenz der Abteilung. Wenn es Ihnen nicht gelingt, den Rahmen einzuhalten, müssen wir andere Lösungen suchen, um das Projekt zu erhalten. Ich werde dann mit Ihnen sprechen, wie diese Lösungen aussehen können."

Entscheidungen vermitteln

Als Führungskraft werden Sie hin und wieder auch mit der besten Überzeugungsarbeit keinen Erfolg haben. In diesen Fällen bleibt Ihnen nichts anderes übrig als die Macht Ihrer Stellung einzusetzen (z.B. bei Entlassung, Budgetkürzung etc.).

- *Behaupten Sie Ihre Autorität*

  Stellen Sie sicher, dass die Menschen Ihre Gründe verstehen. Es ist oft hilfreich, wenn Sie nicht nur Ihre Motive verdeutlichen, sonder auch Ihr Bedauern über die negativen Auswirkungen Ihrer Entscheidung zum Ausdruck bringen und sich empathisch zeigen. Trotzdem stellen Sie klar, dass

Sie zu Ihrem Entschluss stehen und die Verantwortung dafür übernehmen. Machen Sie deutlich, dass die Entscheidung gefallen ist und jetzt Taten folgen müssen.

- *Belohnen Sie erwünschtes Verhalten*

Führen Sie ein Belohnungssystem ein. Wenn Sie erwünschtes Verhalten belohnen, zeigen Sie damit, wie wichtig die Umsetzung Ihrer Entscheidung ist. Machen Sie klar, dass es nicht darum geht, die Leute zu bestechen, sondern die der Ziele des Unternehmens zu verwirklichen. Ein möglicher Weg ist es, Ihre Entscheidung in Form von Stellenbeschreibungen, Zielvereinbarungen und Bewertungssystemen zu manifestieren. Achten Sie darauf, dass die Belohnung auch motivierenden Charakter hat und Wertschätzung ausdrückt. Geldprämien sind meistens nicht geeignet.

- *Beobachten Sie Abweichler*

Wenn Ihre Mitarbeiter Ihre Entscheidung nicht umsetzen, prüfen Sie, warum sie sich verweigern. Bieten Sie Hilfe und Unterstützung an, wenn es notwendig ist. Liegen keine überzeugenden Gründe für die Verweigerung vor, machen Sie klar, dass Sie auf Ihrer Entscheidung bestehen müssen, weil sie wichtig für das Unternehmen ist. Vereinbaren Sie einen Plan zur Umsetzung und überwachen Sie die notwendigen Maßnahmen. Notfalls sprechen Sie eine Warnung aus und lassen die entsprechenden Konsequenzen folgen.

Empathisch durchsetzen

Eine der schwierigsten Aufgaben in der Unternehmensführung ist es, Standards zu sichern und neue Richtlinien einzuführen und durchzusetzen. Viele Manager glauben, sich zwischen harter und sanfter Führung entscheiden zu müssen. Harte Führung bedeutet, einen klaren und festen Standpunkt zu beziehen und Anordnungen notfalls mit Macht durchzusetzen. Das birgt die Gefahr, dass die Mitarbeiter sich überrumpelt fühlen, hat aber den Vorteil von Klarheit. Weiches Führungsverhalten bedeutet, die Belange der Mitarbeiter mit Rücksicht zu behandeln. Hier stehen Motivation und Einbindung im Vordergrund. Weiche Führung kann den Anschein erwecken, dass Sie es mit den Entscheidungen nicht ernst meinen.

Empathische Durchsetzung beschreibt einen Weg aus dem Dilemma zwischen Klarheit und Konsequenz einerseits und Motivation und Bindung andererseits. Ein paar Grundregeln für diesen etwas anspruchsvollen Führungsstil:

- *Fördern*

  Wenn Sie mit einem Mitarbeiter über nicht erreichte Ziele oder mangelhafte Leistungsergebnisse sprechen müssen, machen sie deutlich, dass Sie um das Wohlergehen des Mitarbeiters besorgt sind. Fragen Sie den Mitarbeiter, wie Sie hilfreich sein können, damit er oder sie erfolgreich ist. Bieten Sie an, einen gemeinsamen Plan zu entwickeln, der es ermöglicht, die Ziele zu erreichen und machen sie Vorschläge, um zusätzliche Ressourcen zu aktivieren, wie z.B. ein zusätzliches Training oder kurzfristige Unterstützung (Mentoring, Supervision etc.).

- **_Fordern_**

Es wäre ein Fehler, mit Rücksicht auf die Gefühle des Angestellten den Fakt nicht klar herauszuarbeiten, dass er
oder sie wichtige Ziele nicht erreicht hat. Das Gespräch soll
eine Verbesserung der Leistung bewirken. Dazu muss der
Mitarbeiter zukünftig andere Entscheidungen treffen und
ggf. auch sein Verhalten ändern. Das verlangt zwingend die
Information, in welchem Umfang und an welcher Stelle die
Zielvorgaben verfehlt wurden. Machen Sie deutlich, welche
Auswirkungen die Fehlleistung für die Unternehmensziele
hat. Setzen Sie eine Frist zur Behebung der Defizite und er-
klären Sie, dass Sie Konsequenzen ziehen werden, wenn die
Ziele weiterhin verfehlt werden. Dokumentieren Sie das
Gespräch nach den Vorgaben der Personalabteilung.

- **_Perspektiven zeigen_**

Wenn der Mitarbeiter die Ziele trotz Unterstützung nicht
erreicht oder nicht willens erscheint, sich für diese Ziele
einzusetzen, müssen Sie sich fragen, ob der Mitarbeiter auf
der für ihn passenden Position eingesetzt wird. Ist der Mitarbeiter zufrieden mit seiner Arbeit? Möchte er diese Stelle
wirklich ausfüllen? Am falschen Platz sind auch gute Mitarbeiter wertlos. Es hilft weder dem Unternehmen noch
dem Beschäftigten weiter, wenn die Stelle die Person oder
die Fähigkeiten des Angestellten über- oder unterfordert.
Unterforderung ist ein Motivationskiller. Beseitigen Sie eine
solche Fehlbesetzung, indem Sie nach Einsatzmöglichkeiten
innerhalb des Unternehmens suchen. Gibt es keine solche
Option, versuchen Sie den Mitarbeiter dabei zu unterstützen, eine passende Position außerhalb des Unternehmens
zu finden.

Zusammenfassung: Wettstreitmodell

KRITERIEN

Sparsamer Gebrauch

Nur mit Durchschlagskraft

Wettstreit nur um Anliegen mit großer Bedeutung, wenn Kooperation ausscheidet

- Wenn Sie wissen, dass Sie im Recht sind
- Wenn Sie unpopuläre Maßnahmen treffen müssen
- Wenn eine schnelle Entscheidung nötig ist
- Wenn Sie hart angegriffen werden
- Wenn eine Übereinkunft scheitert
- Wenn Menschen zu rücksichtsvoll sind

TOOLS

überzeugen

- Legen Sie das Fundament
- Erklären Sie Ihre Motive
- Nehmen Sie gemeinsame Ziele in den Blick
- Bleiben Sie bestimmt und glaubwürdig

fair kämpfen

- Bleiben Sie bei der Sache
- Bleiben Sie respektvoll
- Hören Sie zu
- Spielen Sie Schiedsrichter

Warnungen statt Drohungen

- Drohen Sie nicht
- Setzen Sie Warnungen ein

Entscheidungen vermitteln

- Behaupten Sie Ihre Autorität
- Belohnen Sie erwünschtes Verhalten
- Beobachten Sie Abweichler

Empathisch durchsetzen

- Fördern
- Fordern
- Perspektiven zeigen

Das Kooperationsmodell

Das Kooperationsmodell im Überblick

In der Zusammenarbeit geht es darum, die eigenen Bedürfnisse zu verwirklichen und zugleich die der anderen Partei. Das Ziel ist eine WIN-WIN-Situation, die alle Standpunkte berücksichtigt.

Typische Merkmale

- **Ausgleich von Interessen durch WIN-WIN-Lösungen**
- **Verbindung unterschiedlicher Sichtweisen**
- **erweitertes Verständnis**

Vorteile

- **hochwertige Entscheidungen**
- **Lernerfolge und intensive Kommunikation**
- **gestärkte Verantwortung**
- **verbesserte Beziehungen**

Nachteile

- **hoher Aufwand an Zeit / Energie**
- **psychische Beanspruchung**
- **Möglichkeit des Scheiterns**
- **Gefahr von Verletzungen**

Vorüberlegungen

Der Kooperationsmodus realisiert die Weiterentwicklung der (Arbeits-)Beziehung im höchsten Maße. Er erlaubt Kreativität und fördert neue Ideen und Konzepte zum Nutzen aller. Der damit verbundene Aufwand ist eine bewusste Investition in die Entwicklung der Beziehung und/oder der Organisation.

Voraussetzungen klären

Der Kooperationsmodus ist anspruchsvoll. Er verlangt bestimmte Voraussetzungen, die alle erfüllt sein müssen. Verschwenden Sie keine Zeit auf den Versuch zur Zusammenarbeit, wenn eine der folgenden Bedingungen fehlt oder nur teilweise gegeben ist:

- Beide Parteien haben ausreichend Zeit.
- Sie können zwischenmenschliche Beziehung aufbauen.
- Es gibt die realistische Chance auf eine integrative Lösung.
- Es besteht gegenseitiges Vertrauen.
- Beide Parteien sind offen für neue Ideen.

Kooperative Lösungen sind stets erstrebenswert. Arbeiten Sie deshalb daran, die genannten Bedingungen auf lange Sicht zu erzeugen und zu stabilisieren.

Mit folgenden Maßnahmen können Sie die Kooperation unterstützen:

- Richten Sie Freiräume ein, in denen die Parteien nicht unbedingt produktiv sein müssen.
- Trainieren Sie die Fähigkeiten im Konfliktmanagement.

- Nehmen Sie sich die Zeit, Projekte auf die Möglichkeiten von WIN-WIN-Lösungen hin zu untersuchen.
- Bauen Sie beständig Vertrauen und Wohlwollen auf.
- Etablieren Sie eine Atmosphäre, die offen für neue Ideen macht und zur Erforschung der Projekte einlädt.

Kooperation bei allen wichtigen Anliegen

Wenn eine Kooperation möglich ist, nutzen Sie die Chance - gerade bei wichtigen Anliegen. In wirklich wichtigen Angelegenheiten lohnt sich die Zusammenarbeit in der Regel. Denn das bessere Ergebnis einer WIN-WIN-Situation rechtfertigt den zusätzlichen Zeitaufwand allemal. Dabei wird der zusätzliche Einsatz umso lohnender, je wichtiger das Anliegen ist. Nur wenn ein Streitgegenstand nicht eminent wichtig ist, reicht vielleicht auch ein Kompromiss aus, um ein befriedigendes Resultat zu erreichen. "Gut genug" kann dann unter ökonomischen Aspekten "das Beste" sein.

Strategiewahl

Streben Sie eine Zusammenarbeit an, wenn eine der folgenden Situationen gegeben ist:

- *Wenn widerstreitende Vitalinteressen aufeinandertreffen*

  Es sind Fälle denkbar, dass zwei gegensätzliche Interessen gleichermaßen für den Bestand und die Entwicklung des Unternehmens wichtig sind. In der verarbeitenden Industrie sind das beispielsweise Qualität und Produktionskosten, in der Speditionsbranche Zeitpläne und Sicherheit, im

Dienstleistungsgewerbe Geschwindigkeit und Qualität. Allen diesen Konstellationen ist gemeinsam, dass das Unternehmen beide Aspekte erfüllen muss, um erfolgreich sein zu können. Daher ist es wichtig, Wege zu finden, alle diese Anforderungen zu erfüllen.

- *Wenn Sie Lernerfolge generieren wollen/müssen*

Diskussionen im Geiste der Kooperation sind hochgradig effektiv, wenn es um Lernerfolge geht. Sie erlauben es, die eigenen Annahmen zu überprüfen, andere Sichtweisen zu untersuchen und die Erkenntnisse zu neuen Lösungen zu verknüpfen. Diskussionen mit Wettstreitcharakter sind bei weitem nicht so effektiv. Ein großer Teil der Energie wird darauf verwendet, die eigene Sichtweise zu verteidigen oder durchzusetzen. Studien belegen, dass in innovativen Arbeitsteams die Auseinandersetzungen generell mehr im kooperativen Stil geführt werden.

- *Wenn Sie eine Bewertung aus anderer Perspektive brauchen*

Gerade wenn Sie Entscheidungen über komplexe Fragen treffen müssen, ist es oft notwendig, Experten einzubeziehen, um verschiedene Aspekte des Problems beleuchten zu können. In den meisten Führungs- und Projektteams sind daher Menschen versammelt, die aus ihren verschiedenen Fachbereichen unterschiedliche Perspektiven einbringen können. Die verschiedenen Sichtweisen bergen immer ein gewisses Konfliktpotential. Daher ist die Leitung solcher nicht-homogener Teams eine sehr anspruchsvolle Aufgabe. Andererseits ist der Gewinn der Zusammenarbeit ein umfassendes Bild von dem Problem mit seinen Rand- und Nebenwirkungen. Wenn es dem Team dann auch noch gelingt, die verschiedenen Standpunkte zu integrieren, sind die Chancen optimal genutzt und die die Risiken minimiert.

- *Wenn Sie Unterstützung für ein Vorhaben brauchen*

Kooperative Formen der Entscheidungsfindung ermöglichen es allen Mitgliedern des Teams, ihre wichtigsten Anliegen einzubringen und ihre Vorschläge in der Entscheidung zu verwirklichen. Aus diesem Grund wird sich jedes Teammitglied auch für die Entscheidung verantwortlich fühlen und es auch unterstützen. Die Mitwirkung an der Entscheidung sichert also die Unterstützung bei der Umsetzung. Kompromisslösungen sind dazu nicht so gut geeignet. Sie werden oft als halbherziges Zugeständnis wahrgenommen. Die motivierende Wirkung ist daher entsprechend geringer.

- *Wenn Sie ein Problem in einer Dauerbeziehung haben*

Im Lauf der Zeit können ungelöste Sachfragen eine Dauerbeziehung erheblich belasten. "Faule Kompromisse" und Zugeständnisse aus der Vergangenheit werden im Licht der ungelösten Fragen zu einer Belastung für die Zukunft. Eine Partei kann sich dann schnell benachteiligt fühlen. Um das Problem in der Partnerschaft zu lösen hilft es nur, dieses offen anzusprechen und gemeinsam an einer Lösung für die Beziehung zu arbeiten. Sie können nicht die Vergangenheit ändern, um einen besseren Anfang zu erzeugen; aber Sie können gemeinsam für ein besseres Ende in der Zukunft arbeiten (Yasir Qadi).

Den Kooperationsmodus umsetzen

Setzen Sie die Sprache ein

Auch mit der Konflikthaltung "Kooperation" ist es notwendig, den Streitpunkt auf den Tisch zu bringen. Ansonsten verharren Sie im Konflikt-Modus der "Vermeidung" und erzeugen damit eine LOSE-LOSE-Situation. Auch wenn Sie das Problem klar benennen müssen, sollten Sie darauf achten, für Ihr Gegenüber nicht als Herausforderer zu erscheinen. Vermeiden Sie alles, was ihn oder sie in die Defensive drängen würde.

- *Zeigen Sie die positiven Absichten Ihres Streitpartners*

  Im Konfliktverlauf geschieht es häufig, dass die Absichten der anderen Partei missverstanden werden. Schließlich sind die geäußerten Ansichten unbequem und fordern Sie heraus. Es ist oft hilfreich, wenn Sie zunächst einmal die positiven Absichten Ihres Streitpartners identifizieren. Indem Sie diese positiven Intentionen ansprechen, verschieben Sie den Konflikt in Richtung Strategiestreit. Sie sprechen nicht über Ansprüche und Positionen, sondern über Ziele und Absichten. Das eröffnet Perspektiven.

- *Sprechen Sie in der "Wir"-Form*

  Wenn Sie den Streitpunkt zur Sprache bringen, dann sprechen Sie über das gemeinsame Problem. Sie machen damit die Lösung zur gemeinsamen Sache. Vermeiden Sie unter allen Umständen, dem anderen die Schuld für das Problem zuzuschieben. Das löst Abwehrreflexe aus und gibt der Auseinandersetzung eine emotionale Prägung. Schuldzuweisung macht die Zusammenarbeit schwieriger und ent-

fernt Sie von Ihrem Ziel: Es geht darum, das Problem zu lösen – und nicht darum, einen Schuldigen zu finden.

- *Erläutern Sie den Gewinn einer kooperativen Lösung*

Entwerfen Sie eine positive Zukunftsvision davon, welchen
Gewinn beide Parteien aus einer kooperativen Lösung ziehen werden. Greifen Sie dabei auch die positiven Absichten
der Gegenpartei auf. Machen Sie klar, dass Sie gewillt sind
auch diese zu verwirklichen. Erzeugen Sie auf diese Weise
Motivation zur Zusammenarbeit und verdeutlichen Sie Ihren eigenen Kooperationswillen.

- *Wählen Sie den richtigen Zeitpunkt*

Auch wenn Ihnen das Thema noch so auch den Nägeln
brennt: Es ist eine Frage des Respekts, den anderen nicht
mit der Diskussion zu überfallen. Er hat schließlich auch
seine Termine und Planungen. Damit eine lösungsorientier-
te Besprechung stattfinden kann, muss das Gespräch vorbereitet werden. Es geht um wichtige Fragen. Geben Sie Ihrem Partner die Chance, sich angemessen vorzubereiten.
Das kooperative Modell ist anspruchsvoll und zeitintensiv.
Planen Sie gemeinsam den Termin und das Setting so, dass
Sie nicht unter Druck geraten und sorgen Sie dafür, dass Sie
alle Ressourcen zur Verfügung haben.

Klären Sie die beiderseitigen Hauptanliegen

Im Konfliktmodell der Kooperation ist es die wichtigste Aufgabe überhaupt, die beiderseitigen Hauptanliegen klar herauszuarbeiten. Das ist unbedingt notwendig, wenn Sie die Auseinandersetzung ohne WIN-LOSE-Dynamiken führen wollen.

- **Unterscheiden Sie zwischen Anliegen und Positionen**

Der kooperative Konfliktmodus verlangt zwingend, dass Sie eine Angriffs- oder Verteidigungshaltung vermeiden. Das erreichen Sie am leichtesten, wenn Sie sich auf die wichtigen Anliegen konzentrieren und weniger auf Positionen. Deshalb machen Sie sich die Unterschiede zwischen Anliegen und Positionen bewusst: Als Anliegen bezeichnet man eine Sache, die einer Person wichtig ist, um die sie sich Sorgen macht. Es ist der Gegenstand, der in einem Konflikt bedroht erscheint. Im Gegensatz dazu bezeichnet die Position, wie eine Partei versucht, das Anliegen zu verwirklichen: Mehr Zeit für die Familie soll durch Reduzierung der Arbeitszeit erreicht werden, ein höher sozialer Status mit mehr Gehalt, Lebenssinn durch eine Beförderung usw. Die Liste ließe sich beliebig fortsetzen.

Nehmen wir an, ein Mitarbeiter in Ihrem Unternehmen hat eine Erfindung gemacht, mit der Sie sich eventuell völlig neue Geschäftsfelder und Kundenkreis erschließen können. Der Mitarbeiter bietet Ihnen diese Erfindung an und verlangt eine Vergütung.
Das Anliegen ist Anerkennung und Wertschätzung. Die Position betrifft die Frage der Vergütung für die Überlassung der Idee.

- **Reden Sie nicht über Positionen**

Das oben gebildete Beispiel verdeutlicht den WIN-LOSE-Charakter der Verhandlung über Positionen. Es handelt sich um ein Null-Summen-Spiel: Ihr Mitarbeiter kann nur das gewinnen, was Sie von Ihrem Gewinn abzugeben bereit sind. Wenn Sie nicht auf die Forderung nach einer zusätzlichen Vergütung eingehen, müssen Sie damit rechnen, dass Ihre Mitarbeiter die Erfindung anderweitig verwertet. Schließlich bleibt Ihnen noch die Möglichkeit, über die

Höhe der Zusatzvergütung zu verhandeln, also einen Kompromiss zu finden. Damit sind alle möglichen Verhandlungsergebnisse dargestellt. Alle Lösungen bewegen sich auf der WIN-LOSE-Achse.

Solange Sie in dem Beispiel über die Positionen "Erfindung gegen Vergütung" verhandeln, ist eine Zusammenarbeit bei der Lösung des Problems nicht möglich. In einem kooperativen Modell dagegen würde man sich gemeinsam Gedanken machen, ob und wie die Erfindung (ggf. in Ihrem Unternehmen) verwertet werden soll und wie der Mitarbeiter die ihm gebührende Anerkennung und Wertschätzung erfahren kann. Eine solche Diskussion setzt aber voraus, dass sich beide Parteien darüber klar sind, was die jeweiligen Bedürfnisse sind. Erst wenn das geklärt ist, kann im Sinne einer Gewinn bringenden Zusammenarbeit ein Plan für die Umsetzung entworfen werden.

Das Beispiel oben zeigt, dass Sie unterschiedlich auf den Anspruch reagieren können. Sie können selbst die Position einnehmen, dass Sie keine Belohnung gewähren oder Sie können eine Vergütung zusagen und über die Höhe verhandeln. Auf der WIN-LOSE-Achse sind nur diese Optionen möglich.

Das Anliegen aber, die Anerkennung und Wertschätzung für die erbrachte Leistung ist nicht in diesem Sinne verhandelbar. Sie verlieren, wenn Sie in der Verhandlung dieses Anliegen außer Acht lassen und nur den Anspruch bedienen. Der Gesprächspartner alles als Abwertung auffassen, was hinter seiner Position zurückbleibt. Sie laufen also Gefahr einen zu hohen Preis zu zahlen. Und in keinem Fall machen Sie sich einen Freund.

- *Machen Sie Ihre eigenen Anliegen deutlich*

Stellen Sie sicher, dass Ihr Gesprächspartner Ihr Anliegen auch wirklich versteht. Verdeutlichen Sie, warum das wichtig ist und was Sie befürchten, wenn Sie dieses Anliegen nicht verwirklichen können. Das ist unerlässlich, wenn die Sie und Ihr Gesprächspartner unterschiedliche Richtungen verfolgen. Unterbrechen Sie zur Not die laufende Verhandlung, um Ihre Anliegen vorzubringen.

In unserem Beispiel könnten Sie als Unternehmer etwa sagen: "Es ist mir wichtig, dass wir in unserem Unternehmen innovativ sind und die Erfindung auch für Sie Früchte trägt. Im Moment bin ich mir aber noch nicht sicher, ob wir Ihre Erfindung Gewinn bringend umsetzen können."

- **Helfen Sie der anderen Partei ihre eigenen Anliegen zu formulieren**

Fragen Sie Ihren Gesprächspartner nach seinen Hauptanliegen. Erforschen Sie seine Motivation und seine Befürchtungen. Aber veranstalten Sie kein Verhör. Stellen Sie deutlich heraus, dass es Ihnen wichtig ist, dass auch diese Anliegen bei der Lösung des Konflikts befriedigt werden sollen. Fragen Sie nach und nutzen Sie die Technik des aktiven Zuhörens:

"Sie haben gesagt, die Erfindung sei Ihr Lebenswerk. Habe ich das richtig verstanden, dass es Ihnen wichtig ist, dass Ihre Erfindung tatsächlich gebaut wird?"

"Wenn ich Ihnen nicht sofort eine Zusage gebe, haben Sie die Befürchtung, dass wir Ihre Idee nicht umsetzen. - Stimmt das so?"

Behandeln Sie den Konflikt als gemeinsames Problem

Sobald Sie sich über die Anliegen aller Beteiligten ins Bild gesetzt haben, können Sie das Problem so anpacken, dass sich alle eingeladen fühlen, eine WIN-WIN-Situation herzustellen.

- **_Sagen Sie "UND" nicht "ABER"_**

Wenn Sie im Kooperationsmodell den Grundstock für eine integrative Lösung legen wollen, sollten Sie die gemeinsame Zielsetzung betonen. Das Wort "aber" bezeichnet immer einen Unterscheid, ein Anderssein und wirkt trennend und kontraproduktiv. Das Wort "und" dagegen verbindet Unterschiede zu einer Einheit und fördert die Zusammenarbeit. Achten Sie auf den Unterschied:

"Ich meine, dass wir erst das Marktpotential Ihrer Erfindung prüfen sollten, **aber** Sie wollen sofort die Produktion starten."

"Ich meine, dass wir erst das Marktpotential Ihrer Erfindung sollte **und** Sie wollen sofort die Produktion starten."

Die Konjunktion "und" verdeutlicht, dass es zwischen den verschiedenen Anliegen keine grundlegende Unvereinbarkeit gibt. Das Wörtchen impliziert bereits die Lösung für beide Anliegen.

- **_Bearbeiten Sie den Konflikt als Problem der Integration_**

Sie können ohne weiteres überleiten zu der Frage: Wie können wir beides tun? Damit schaffen Sie sofort den Rahmen zur Lösung eines gemeinsamen Problems. Indem Sie verdeutlichen, dass es (auch) um die Lösung der Anliegen der anderen Partei gehen muss, schmieden Sie eine Allianz. Auf diese Weise machen Sie Ihren Gesprächspartner zu Ihrem "Kunden". Sie erhöhen damit die Chance, dass er oder sie bereit ist, aktiv an der Problemlösung mitzuarbeiten. Und zugleich werden Sie für Ihr Gegenüber zur Ressource bei der Bewältigung der Schwierigkeiten. Sie werden sehen, dass die weiteren Gespräche in einem anderen "Setting" stattfinden können. Sie werden sich vermutlich nicht mehr diametral gegenüber sitzen, sondern eher nebeneinander und den gleichen Blickwinkel einnehmen.

Sammeln Sie mehrere Lösungen

Wenn Sie das Problem als gemeinsam zu bewältigende Schwierigkeit identifiziert haben, werden Sie gemeinsam über Lösungen nachdenken können, die alle Bedürfnisse erfüllen. Um die beste Option zu wählen, müssen Sie einige Voraussetzungen schaffen:

- *Halten Sie sich offen*

  Wenn Sie eine Problemlösung erarbeiten, springen Sie nicht gleich auf die erstbeste Lösung, die Ihre eigenen Anliegen offenkundig verwirklicht. Halten Sie sich offen für andere Wege und Optionen. Es geht auch darum, die Bedürfnisse der anderen Partei zu realisieren – ganz im Sinne der besten Lösung für alle. Und versuchen Sie, den oder die andere darin zu bestärken, das gleiche zu tun:

  "Die Idee scheint mir vielversprechend. Aber lassen Sie uns schauen, ob es eine Lösung gibt, die unsere Interessen noch besser verwirklicht. Was halten Sie davon, wenn wir alle Optionen der Verwertung prüfen und dann die Strategiefrage besprechen?"

- *Keine vorzeitige Festlegung*

  Damit Sie weiterhin flexibel reagieren können, sollten Sie eine Sprache benutzen, die Festlegungen vermeidet. Formulierungen wie "Wir müssen …", "Wir sollten …" sind dabei eher schädlich. Die Lösung des Problems erfordert ein hohes Maß an Kreativität. Halten Sie sich die Möglichkeit offen, verschiedene Option gedanklich durchzuspielen.

Einleitungen wie "Angenommen, wir würden ..." oder "Wie wäre es, wenn ..." können helfen. Der Dialog ob könnte sich so fortsetzen:

"Angenommen, wir kämen zu dem Ergebnis, dass wir das Projekt finanzieren und durchführen wollen. – Wären Sie bereit, auch außerhalb Ihrer Arbeitszeit an der Markteinführung zu beteiligen?"

- **Suchen Sie die beste Lösung**

Erst wenn Sie mehrere Vorschläge erarbeitet haben, suchen Sie diejenige heraus, die Ihre Anliegen am besten erfüllt. Es sollte Ihrem Partner/Ihrer Partnerin vergleichsweise leicht fallen, dieser Lösung zuzustimmen. Schließlich waren alle Vorschläge darauf gerichtet, sämtlichen Anliegen zu verwirklichen.

Flexible Bestimmtheit

Das Konfliktmodell "Kooperation" funktioniert am besten, wenn alle Beteiligten dem kooperativen Modus folgen. In der Praxis werden Sie es oft erleben, dass Ihre Gesprächspartner eher den "Wettstreit" wählen, um seine oder ihre Interessen auf Ihre Kosten durchzusetzen. Es ist eine besondere Herausforderung, in solchen Situationen den Konfliktstil der Zusammenarbeit durchzuhalten. Hier sind Sie gefordert, mit größerer Bestimmtheit aufzutreten, um ein Abgleiten in den Wettstreit-Modus zu verhindern. Ich komme zurück auf das Beispiel mit der Erfindung:

Der Arbeitnehmer konfrontiert Sie:
"Also, wenn Sie sich nicht bereitfinden können, meine Konstruktion zu verwirklichen, dann suche ich mir einen anderen Betrieb, der das macht."

In einer solchen Lage sollten Sie (nochmals) für sich klären, was Ihre wichtigen Anliegen sind. Bleiben Sie sachlich und bestimmt, wenn Sie diese Anliegen gefährdet sehen. Machen Sie deutlich, dass Sie nicht bereits sind, diese Hauptanliegen zu opfern, nur um den Konflikt zu beenden. Stellen Sie klar, dass Sie die Position nicht akzeptieren, aber dass Sie die Tür für kooperative Lösungen offen halten. Und machen Sie deutlich, dass Sie bereit sind, die andere Partei dabei zu unterstützen, eine Lösung zu finden, die alle zufriedenstellt.

"Ihre Erfindung ist durchaus interessant. Wir möchten, dass die Umsetzung ein Erfolg wird – und nicht nur eine waghalsige Unternehmung. Darauf könnten wir uns nicht einlassen, weil sonst Arbeitsplätze in Gefahr geraten. Wir wollen die Erfolgschancen realistisch beurteilen können. Dazu brauchen wir Kalkulationen, Kostenschätzungen und Marktanalysen. Diese Zahlen benötigen Sie auch, wenn Sie Ihre Erfindung einem anderen Unternehmen anbieten wollen. Lassen Sie uns gemeinsam die Kennzahlen entwickeln."

Auf diesem Status ergibt sich eine ganze Reihe von Möglichkeiten: Sie können die Analysen vorantreiben, eine kleine Produktreihe auflegen und einen Praxistest machen, eine Option auf den Erwerb der Erfindung sichern, die Zusage geben, dass der Arbeitnehmer die Analyseergebnisse erhält, wenn Sie das Angebot ablehnen usw.

Zusammenarbeit in Arbeitsteams

Die Zusammenarbeit mit Arbeitsteams stellt ganz besondere Anforderungen an den Umgang mit konfliktgeneigten Sachverhalten. Die Herausforderung besteht darin, die vielfältigen Individualinteressen der Gruppenmitglieder unter dem Dach des Gruppeninteresses zu versammeln. Die nachfolgenden Empfehlungen beruhen auf einer Studie über die Effizienz der

Zusammenarbeit in Management-Teams und die Möglichkeiten, das Team mit taktischen Maßnahmen zu unterstützen (Eisenhardt, Kahwajy & Bourgeois, Harvard Business Review, Juli 1997). Die wesentlichen Empfehlungen:

- ***Geben Sie so viel Information wie möglich***

  Sie unterstützen das Team bei der Suche nach der bestmöglichen Problemlösung, wenn Sie die Teammitglieder mit aktuellen und vollständigen Informationen versorgen. Sie verhindern Streitigkeiten und Spekulationen über unbekannte Tatsachen und vermeiden nicht belegte Annahmen und Befürchtungen. Das spart Zeit und fokussiert auf das Ziel.

- ***Entwickeln Sie mehrere Alternativen***

  Wenn es nur ein oder zwei Entscheidungsoptionen gibt, tendieren Gruppen dazu sich in Lager aufzuspalten – Befürworter und Gegner. Eine solche Konstellation begünstigt naturgemäß eine strittige Argumentation. Je mehr Optionen Sie zur Verfügung stellen können, um so größer ist die Chance auf eine Kooperation. Sie vermeiden Festlegungen und erleichtern es einzelnen Teammitgliedern, Ihre Meinung zu ändern. Außerdem macht es Spaß, gemeinsam neue Ideen zu entwickeln. Nebenbei stärken Sie den Teamgeist.

- ***Erzeugen Sie gemeinsame Ziele***

  Gemeinsame Ziele geben eine starke Motivation, um ein Team zur Kooperation zu bewegen. Die geteilte Vision schweißt das Team zusammen. Sorgen Sie dafür, dass alle Teammitglieder diese Zielvorstellung teilen. Verdeutlichen

Sie, dass jeder Einzelne bei der Verwirklichung dieser Ziele mitwirken muss und dass das wichtiger ist als spezielle Interessen seiner Abteilung.

- *Würzen Sie mit Humor*

Humor schafft stets eine entspannte und lockere Atmosphäre in der Gruppe. Das erleichtert es Ihren Mitarbeitern, sich offen und kreativ mit der Aufgabe auseinanderzusetzen. Weil jeder gerne lacht, unterdrückt Humor auch Abwehrtendenzen. Mit Humor lässt sich auch so manche unbequeme Wahrheit "an den Mann / die Frau bringen", ohne dass es gleich zum Gefecht kommt.

- *Achten Sie auf ausgewogene Beteiligung*

Teamarbeit fällt am leichtesten, wenn die Führungsperson eine aktive Rolle übernimmt und alle Gruppenmitglieder in die Diskussion einbindet. Verhält sich die Führung eher passiv, kann ein Machtvakuum entstehen, das ein Gruppenmitglied dazu ermuntern könnte, die Meinungshoheit für sich zu beanspruchen. Ein autoritärer Führungsstil ist ebenso gefährlich: Beiträge einzelner Teammitglieder könnten unterdrückt werden. Das schadet der Kooperation in der Gruppe. Und wichtige Bedenken werden womöglich nicht geäußert, sodass Sie unnötige Risiken eingehen.

- *Nutzen Sie die Expertenmeinung*

Zusammenarbeit ist am besten umgesetzt, wenn die Gruppe eine gemeinsame Entscheidung finden kann, die alle Anliegen aller Mitglieder berücksichtigt. Alle Teammitglieder sollen die Möglichkeit haben, ihre Anliegen einzubringen, alternative Lösungen vorzuschlagen und ihre Meinung zu begründen. Trotzdem kann es passieren, dass keine einvernehmliche Lösung erreicht werden kann. Das Team verliert das Ziel aus den Augen und verstrickt sich in endlose Diskussionen. Um das zu verhindern, kann es notwendig sein, die Entscheidung derjenigen Führungsperson zu übertragen, die über die größte Erfahrung und Fachkompetenz verfügt. Die Entscheidung des Experten sollte die Beiträge der Teammitglieder und die Ergebnisse aus den Diskussionen berücksichtigen.

Zusammenfassung: Kooperationsmodell

KRITERIEN

Voraussetzungen klären

- ausreichend Zeit
- zwischenmenschliche Beziehung ist möglich
- realistische Chance auf eine integrative Lösung
- gegenseitiges Vertrauen
- Offenheit für neue Ideen

- Wenn widerstreitende Vitalinteressen aufeinandertreffen
- Wenn Lernerfolge notwendig sind
- Wenn Sie verschiedene Perspektiven nutzen wollen
- Wenn Sie Unterstützung für ein Vorhaben brauchen
- Wenn Sie Probleme in einer Dauerbeziehung haben

TOOLS

Die richtige Sprache nutzen

- Zeigen Sie die positiven Absichten Ihres Streitpartners
- Nutzen Sie die "Wir"-Form
- Erläutern Sie den Gewinn einer kooperativen Lösung
- Wählen Sie den richtigen Zeitpunkt

Klären Sie die Hauptanliegen

- Unterscheiden Sie Anliegen und Positionen
- Reden Sie nicht über Positionen
- Machen Sie Ihre eigenen Anliegen deutlich
- Helfen Sie der andern Partei deren Anliegen zu formulieren

Der Konflikt als gemeinsames Problem

- Sagen Sie "und" nicht "aber"
- Bearbeiten Sie den Konflikt als Problem der Integration

Suchen Sie mehrere Lösungen

- Bleiben Sie offen
- Keine vorzeitige Festlegung
- Suchen Sie die beste Lösung

Flexible Bestimmtheit

Kooperation in Arbeitsteams

- Geben Sie so viel Information wie möglich
- mehrere Alternativen
- gemeinsame Ziele
- Würzen Sie mit Humor
- ausgewogene Beteiligung
- Expertenmeinung nutzen

Das Kompromissmodell

Das Kompromissmodell im Überblick

Im Kompromiss entscheiden Sie sich für eine Lösung, die Ihre Anliegen und die der Gegenpartei nur teilweise verwirklicht. Es handelt sich um einen WIN-LOSE-Modus, bei dem sich die Parteien auf halbem Weg entgegenkommen. Das erfordert den Verzicht auf eigene Bedürfnisse, um eine teilweise Befriedigung zu erreichen. Der reduzierte Aufwand rechtfertigt das Nachgeben, weil das Gesamtergebnis gut genug ist.

Typische Merkmale

- "sanfte" Verhandlung
- beendet den Streit schnell
- gemäßigte Entscheidungen

Vorteile

- pragmatisch
- Geschwindigkeit und Zweckmäßigkeit
- Fairness
- Beziehung bleibt erhalten

Nachteile

- teilweise Verluste
- suboptimale Lösungen
- nur oberflächliche Verständigung

Der Kompromiss-Modus sucht pragmatisch nach einem Gelichgewicht zwischen Aufwand und Ertrag. Eigene Verluste werden im Rahmen einer ökonomischen Entscheidung hingenommen. Der Vorteil liegt in der schnellen Klärung des Aktualkonflikts bei geringem Aufwand. Unmittelbar schädliche Nebenwirkungen werden weitgehend vermieden. Allerdings wird der Hintergrund des Streits nicht bearbeitet; die Lösung bleibt oberflächlich und die Motivation der Beteiligten ist vergleichsweise gering. Auch besteht die Gefahr verdeckter Konfliktmuster, die bei nächster Gelegenheit zu erneuten Auseinandersetzungen führen.

Strategiewahl

Kein Kompromiss über lebenswichtige Belange

Es ist wichtig, dass Sie sich bewusst machen, dass jeder Kompromiss notwendig dazu führt, dass Ihre eigenen Bedürfnisse (aber auch die der Gegenpartei) nur teilweise befriedigt werden. Manche Streitigkeiten gehen um so wichtige Interessen, dass schon ein Teilverlust nicht hinzunehmen ist. Das sind vor allem die Fälle, wo ein Kompromiss dazu führen kann, dass ein Unternehmen insolvent wird, seine Marktstellung oder sogar die Wettbewerbsfähigkeit einbüßt oder seine Integrität verliert. In solchen Situationen sollten Sie alles daran setzen, die Konfliktmodi mit dem größten Maß an Selbstbehauptung zu etablieren: Wettstreit oder Zusammenarbeit.

Behalten Sie den Kompromiss für solche Streitgegenstände vor, die weniger bedeutsam sind. Die Belange in einem Kompro-

miss dürfen wichtig sein, aber unter keinen Umständen lebens-
notwendig.

Kompromisse nur bei Anliegen mit Bedeutung
- wenn Wettstreit und Zusammenarbeit ausscheiden

Der Kompromiss ist eine kluge Entscheidung, wenn es nicht
möglich ist, Ihre Anliegen (mit vertretbarem Aufwand) im vollen Umfang zu realisieren und wenn eine Kompromisslösung
"gut genug" erscheint, sodass Sie damit leben können. Dann ist
"gut genug" das Beste, das Sie vernünftigerweise anstreben sollten. Kompromisse kommen bei folgenden Fallgruppen in Be-
tracht:

- *Wenn gleich starke Gegner in einer WIN-LOSE-Situation streiten*

  Das ist die Standard-Konstellation in Verteilungskämpfen,
  wenn sich mehrere um eine begrenzte Ressource streiten.
  Das oben erwähnte Beispiel der Arbeitnehmererfindung ist
  so ein Fall. Sie können die Erfindung bekommen, müssen
  aber dafür eine Gegenleistung erbringen. Ähnlich gelagert
  sind auch viele Kündigungsschutzprozesse und natürlich
  die Vertragsverhandlungen mit wichtigen Angestellten.
  Immer, wenn es auf eine Entweder-Oder-Entscheidung
  hinausläuft, haben Sie es strukturell mit einer WIN-LOSE-
  Situation zu tun. Bei ausgeglichenen Machtverhältnissen
  macht es keinen Sinn, den Wettstreit-Modus zu aktivieren.
  Denn Sie haben nicht genug Durchschlagskraft, um den
  ganzen Kuchen zu bekommen. Wenn Sie den Weg in die
  Kooperation nicht öffnen können, bleibt Ihnen nur der
  Kompromiss als einzig praktikable Lösung.

- *Wenn Sie ein komplexes Problem schnell lösen müssen*

Manche Konflikte sind so komplex, dass eine gute und dauerhafte Lösung sehr viel Zeit in Anspruch nimmt. Der Kompromiss über Zwischenziele kann eine gute Methode sein, um die Arbeitsfähigkeit zu erhalten. Sie gewinnen Zeit für die Lösung des Gesamtproblems.

- *Wenn Sie unter Zeitdruck stehen*

Sie haben es mit einer Situation zu tun, die auch die Zusammenarbeit erlauben würde, aber Ihnen fehlt die notwendige Zeit für lange Diskussionen. Sie brauchen sofort eine tragfähige Entscheidung. Sie sind vielleicht mit anderen Fragen beschäftigt, die Ihre volle Aufmerksamkeit verlangen oder eine Frist läuft ab. Beachten Sie, dass Ihre Gesprächspartner eher am Ende eines Meetings zustimmen werden als am Anfang. Die Wahrscheinlichkeit für einen Kompromiss steigt, je länger das Meeting dauert.

- *Wenn Wettstreit die Beziehung gefährden würde*

Ein schneller Kompromiss, der für alle Beteiligten akzeptabel ist, nimmt den Druck aus der Verhandlung. In einer freundschaftlichen Beziehung streitet man nicht über Ausgaben, man teilt sie. Das ist im Allgemeinen auch in Ordnung so. Ein schneller Kompromiss kann besonders hilfreich sein, wenn ein Streitpunkt in einer bereits beschädigten Beziehung aufkommt. Das Gleiche gilt, wenn Sie sich nicht sicher sind, ob Sie ein sensibles Thema wirklich vollständig bearbeiten können.

- *Wenn Wettstreit und Kooperation gescheitert sind*

Der Kompromiss eignet sich gut als Rückzug-Strategie, wenn Sie erfolglos versucht haben, sich in einer wichtigen Angelegenheit durchzusetzen. Wettstreit und Zusammenarbeit sind schon im Ansatz derart verschieden, dass es schwierig ist, zwischen beiden Konfliktmodi zu wechseln. Der Kompromiss ist daher oft die zweitbeste Lösung, wenn Selbstbehauptung und Kooperation gescheitert sind.

Streitbeendigung nur zu vertretbaren Kosten

Wenn Sie jemandem einen Gefallen tun, dann können Ihre Kosten dafür relativ gering sein. Wenn Sie das aber immer wieder tun, summieren sich Ihre Ausgaben und Sie bereuen die Entscheidungen vielleicht. In der Summe erlangen Ihre Investitionen zunehmend an Bedeutung und Wert und irgendwann werden Sie keinen angemessenen Return of Investment mehr erreichen können. Das Verhältnis von Kosten und Nutzen bedarf besonderer Aufmerksamkeit, um der Gefahr der Ausbeutung zu begegnen. Aus diesem Grund sollten Sie darauf achten, dass in einer Dauerbeziehung die Opfer und Gewinne auf beiden Seiten möglichst ausgeglichen sind. Die Streitbeilegung erkaufen Sie nur dann zu vertretbaren Kosten, wenn Sie sicherstellen können, dass dieser Aufwand in einem angemessen Verhältnis dazu steht, wie Sie im Gegenzug Ihre Anliegen verwirklichen.

Den Kompromissmodus umsetzen

Schrittweise nachgeben

Wenn Sie den Konflikt aus der Wettstreit-Haltung zu einem Kompromiss bringen wollen, ist es notwendig, dass beide Parteien ihren ursprünglichen Anspruch aufgeben ohne ihre Hauptanliegen zu verraten. Das erfordert Zugeständnisse, die den Streit auf einen akzeptablen Mittelweg bringen.

- *Betrachten Sie Ihre Situation realistisch*

  Wenn der Wettstreit-Modus keinen schnellen Erfolg zeitigt, ist man versucht, "mit härteren Bandagen" zu kämpfen. Im Allgemeinen ist das aber wenig sinnvoll, weil sich die Konflikthaltung als solche als erfolglos erwiesen hat. Mehr vom Selben macht es in der Regel nicht besser. In dieser Situation bringt es Sie weiter, wenn Sie zunächst Ihre Lage überdenken. Der bisherige Misserfolg zeigt Ihnen, dass Sie sich nicht so leicht durchsetzen können, wie anfangs gedacht. Bevor Sie sich in einer Sackgasse festfahren, sollten Sie überlegen, wie hoch die Kosten werden, wenn Sie den eingeschlagenen Kurs weiter verfolgen. Wie wertvoll ist zum Bespiel die Beziehung, die Sie mit fortgesetztem Wettstreit riskieren? Wäre eine Kompromisslösung für Sie und Ihr Unternehmen akzeptabel? Und zu welchen Zugeständnissen sind Sie bereit?

  Überlegen Sie: Was ist die beste Alternative zu einem Verhandlungsergebnis? Je höher Sie diese Alternative bewerten, umso geringer wird Ihre Bereitschaft sein, sich auf einen Kompromiss einzulassen und teilweise nachzugeben.

In Preisverhandlungen beispielsweise werden Sie nicht ohne weiteres unter Ihren Angebotspreis gehen, wenn Sie sicher wissen, dass Sie den Preis bei einem anderen Kunden durchsetzen können und der aktuelle Gesprächspartner als Kunde nicht wichtig ist, z.B. weil es sich um ein einmaliges Geschäft handelt.

- **Zeigen Sie keine Schwäche**

Wenn Sie einen Kompromiss anbieten, kann es sein, dass Ihr Streitpartner noch immer dem Wettstreit-Modus folgt. Er wird dann versuchen, Sie zu noch größeren Zugeständnissen zu bewegen. Klären Sie für sich im Vorfeld Ihren Break-Even-Point und belieben Sie dabei. Es führt Sie auf die Verliererseite, wenn Sie Ihre Mindestanforderungen nach unten korrigieren. Ihr Verhalten könnte auch für zukünftige Gespräche Maßstäbe setzen.

Wenn Sie sich für eine Kompromisslösung entscheiden wollen, stellen Sie sicher, dass Ihr Angebot nicht als Schwäche ausgelegt wird. Stellen Sie in der "Wir-Sprache" dar, dass Sie beide in der Sackgasse stecken und nicht weiterkommen. Erläutern Sie dabei auch den Wert der Kompromisslösung:

"Es sieht so aus, als kommen wir an diesem Punkt nicht weiter. Wenn wir das nicht überwinden, werden wir keinen Weg für eine Zusammenarbeit finden können. - Was meinen Sie dazu?"

- **Machen Sie keine Konzessionen, die einseitig bleiben**

Fragen Sie die andere Seite, wie weit sie auf Sie zukommen kann. Wenn das Angebot nicht ausreicht, machen Sie den Vorschlag, dass Sie ein Stück von Ihrer Position zurückgehen, wenn die Gegenpartei auch etwas nachgibt. Achten Sie stets auf ein ausgewogenes Verhältnis. Verhandeln Sie, bis sich die beiderseitigen Positionen zufriedenstellend decken und versuchen Sie das beste Gegenangebot zu erhalten. Wenn Sie in der Verhandlung Ihren Break-Even-Point nicht erreichen, kann es sinnvoll sein, um eine Pause zu bitten. Sie haben dann die Möglichkeit, in der Zwischenzeit Alternativen oder modifizierte Bedingungen zu überlegen. Eine Gedankenpause führt oft zu weiteren Optionen. Lassen Sie sich dabei aber nicht auf das bloße Versprechen zu einem Entgegenkommen in der Zukunft ein. Verhandlungen über künftige Geschäfte lassen sich nur selten vorwegnehmen.

Fairness: Kompromiss mit Prinzipien

Da der Kompromiss häufig dann gesucht wird, wenn das Wettstreit-Modell gescheitert ist, tendiert dieser Konfliktmodus dazu, die Beziehung zum Streitpartner zu belasten. Das führt oftmals zu Vereinbarungen, die sich vor allem daran ausrichten, die lästige Streitigkeit zu beenden. Das ursprüngliche Ziel, ein möglichst großes Stück vom Kuchen zu erhalten, wird aufgegeben und auch der Aspekt der Fairness tritt in den Hintergrund. Es liegt auf der Hand, dass dadurch eine feindselige Haltung begünstigt werden kann. Daher empfehlen viele Konfliktforscher, gerade beim Kompromiss das Prinzip der Fairness zu beachten.

- *Finden Sie vorab gemeinsame Kriterien für Fairness*

   Der Schlüssel zu einem guten Kompromiss liegt darin, dass Sie gemeinsam Kriterien für ein faires Ergebnis festlegen, *bevor* Sie in die Auseinandersetzung über die Sache einsteigen. Gerade bei stark divergierenden Interessen ist es einfacher sich zunächst auf die Kriterien zu verständigen, nach denen ein Verhandlungsergebnis beurteilt werden soll. Denn dazu ist es nicht notwendig zu wissen, wie das Ergebnis aussieht. Indem Sie sich mit der anderen Partei auf die Kriterien für Fairness einigen, nehmen Sie schon viel Konfliktstoff aus der anschließenden Verhandlung heraus. Solche Vereinbarungen können beispielsweise festlegen, dass sich der Preis an den aktuellen Marktverhältnissen orientieren soll, dass ein Gewinn entsprechend dem Zeitaufwand der Parteien verteilt werden soll oder dass eine dritte Person als Schiedsrichter fungieren soll.

- *Beurteilen Sie die Fakten so objektiv wie möglich*

  Sammeln Sie alle Informationen, die Sie für die Bewertung anhand der vereinbarten Kriterien benötigen. Halten Sie Ihre Daten transparent und nachvollziehbar. Beziehen Sie sich nach Möglichkeit auf neutrale, objektive Quellen und lassen Sie Ihre Einschätzung gegebenenfalls durch eine neutrale Person bestätigen. Wenn Sie gemeinsam einen Experten hinzugezogen haben, fragen Sie ihn nach seiner Meinung. Überlegen Sie gemeinsam, welchen Gewinn Sie erwarten können und wie viel Zeit und Geld jeder in das Projekt investiert hat.

- *Setzen Sie die vereinbarten Kriterien ein*

  Wenn Sie die beiden oben genannten Punkte abgearbeitet haben, ist die Logik der zutreffenden Entscheidung bereits festgelegt. Der Rest ist im Prinzip nur noch eine Rechenaufgabe. Wenn Sie jetzt die Fakten und die Kriterien verbinden, stellen sicher, dass Ihr Verhandlungspartner Ihren Überlegungen folgen und die Zahlen gegebenenfalls überprüfen kann.

Zusammenfassung: Kompromissmodell

KRITERIEN

Kein Kompromiss, über Vitalinteressen

nur bei wichtigen Anliegen, wenn Wettstreit und Zusammenarbeit ausscheiden

Nur zu vertretbaren Kosten

- Wenn gleich starke Gegner in einer WIN-LOSE-Situation streiten
- Wenn Sie ein komplexes Problem schnell lösen müssen
- Wenn Sie unter Zeitdruck stehen
- Wenn Sie mit Selbstbehauptung die Beziehung gefährden würden
- Wenn Selbstbehauptung und Zusammenarbeit gescheitert sind

TOOLS

Schrittweise nachgeben

- Betrachten Sie die Situation realistisch
- Zeigen Sie keine Schwäche
- Machen Sie keine Konzessionen, die einseitig bleiben

Fairness:
Kompromiss mit Prinzipien

- Finden Sie vorab gemeinsame Kriterien für Fairness
- Beurteilen Sie die Fakten so objektiv wie möglich
- Setzen Sie die vereinbarten Kriterien ein

Das Vermeidungsmodell

Das Vermeidungsmodell im Überblick

In der Konfliktvermeidung ist das Ziel, keine Zeit und Energie in die Auseinandersetzung mit einer anderen Person zu investieren. Das Ergebnis ist eine LOSE-LOSE-Situation, die weder Ihre Interessen noch die der anderen Seite verwirklicht.

Typische Merkmale

- **keine unangenehmen Gespräche mit Menschen, die Sie nicht mögen**
- **Sie verschwenden keine Energie auf unwichtige Angelegenheiten**
- **Sie schützen sich vor gefährlichen Auseinandersetzungen**
- **Sie verschieben den Streit**

Vorteile

- **kein Stress, geringe Belastung**
- **spart Zeit und Energie**
- **vermeidet Ärger**
- **ermöglicht eventuell bessere Bedingungen**

Nachteile

- **belastet die Arbeitsbeziehung**
- **ungünstige Entscheidungen**
- **schwächt Initiative und Motivation**
- **Gefahr der Eskalation**

Die Konfliktvermeidung ist keine "Flucht vor dem Feind", sondern eine bewusste Entscheidung eine Auseinandersetzung (vorerst) nicht zu führen. Dafür kann es viele Gründe geben: strategische, ökonomische, soziale usw. Dieser Konflikt-Modus ermöglicht es Ihnen, Ihre Position zu konsolidieren, schwere Verluste oder hohen Aufwand zu vermeiden oder einfach nur Zeit zu gewinnen.

Strategiewahl

Vermeiden Sie nutzlose Auseinandersetzungen

Eine weitere Gefahr im Umgang mit Konflikten ist es, sich in nutzlose Streitigkeiten verstricken. Gerade wenn Sie selbst emotional stark engagiert sind, ist das Risiko besonders hoch, einen Streit außerhalb der Zielvorgaben zu beginnen. Prüfen Sie daher genau, ob eine der folgenden Fallgruppen zutrifft, bevor Sie in einer Auseinandersetzung einsteigen:

- *Wenn das Streitthema (als solches) unwichtig ist*

  Menschen können über Dinge in Streit geraten, die derart unwichtig oder trivial sind, dass es sich nicht einmal lohnt, darüber nachzudenken. In vielen Fällen wird Ihre Entscheidung wichtig / unwichtig davon abhängen, inwieweit Sie mit dringenderen Problemen beansprucht sind.

  So werden Sie sicherlich das Problem "gelbe Hinweiszettel in der Teeküche" vernachlässigen, wenn sich Ihr Unternehmen in einer akuten Existenzkrise befindet.

- **Wenn das Streitthema nur ein Symptom für das Problem ist**

Viele Streitigkeiten um unwichtige Dinge haben einen ernsten Hintergrund. In einer solchen Situation ist es wichtig, zum Kern des Problems vorzudringen. Das ist nicht immer einfach, weil in diesen Konstellationen das eigentliche Problem gerade verdeckt ist. Versuchen Sie in diesen Fällen nicht, über das Symptom zu diskutieren. Solche Gespräche führen nicht zur Lösung des Problems und verschwenden nur Ihre Zeit. Versuchen Sie stattdessen schnellstmöglich zur Ursache des Symptoms vorzudringen.

Es kommt immer wieder zu Beschwerden einzelner Mitarbeiter, weil sie nicht bekommen, was sie brauchen wenn sie es benötigen. Bei der Ursachenforschung stoßen Sie auf Schwierigkeiten bei der Abstimmung der Termine zwischen den einzelnen Abteilungen. Dieses grundlegende Problem verursacht eine ganze Reihe von Folgeproblemen und führt letztlich zu den Beschwerden der Mitarbeiter.

- **Wenn andere das Streitthema erledigen können**

Halten Sie sich aus Streitigkeiten heraus, die andere genauso gut beilegen können oder wenigsten so, das Ihren Mindestbedürfnissen Rechnung getragen wird. Sorgen Sie als Führungskraft dafür, dass Sie nicht mit Konflikten behelligt werden, die auch Mitarbeiter auf einer niedrigeren Rangstufe zufriedenstellend lösen können. Im Allgemeinen genügt für Ihre Bedürfnisse dann ein kurzer Report.

- **Wenn es um hochsensible Themen geht**

Manche Auseinandersetzung ist allein schon durch das Thema selbst eine Gefahr für den Betriebsfrieden oder die Kundenbeziehung. Dazugehören sicherlich alle Fragen der Weltanschauung, Religion, politischen Ausrichtung und viele andere mehr. Trotzdem kann es vorkommen, dass hochsensible Themen auch Ihre geschäftlichen Interessen beeinflussen. In diesem Fall müssen Sie entscheiden, ob die Beeinträchtigung so gewichtig ist, dass Sie eingreifen müssen. Bereiten Sie sich dann aber gut darauf vor, wie Sie das "heiße Eisen" angehen wollen.

- ***Wenn der Streit, nicht zu gewinnen ist***

Manchmal sind die Karten einfach schlecht gemischt und die Gegenseite verfügt über eine starke Übermacht. Wettstreit scheidet aus und Kooperation oder Kompromiss kommen nicht infrage. Sie sind beispielsweise mit den Tantiemen des Vorstands nicht einverstanden und wollen stattdessen eine Gehaltserhöhung durchsetzen. Abgesehen von der Verwirrung der Zuständigkeiten und Befugnisse, können Sie mit einer solchen Argumentation schon deshalb nicht gewinnen, weil Sie als Arbeitnehmer nur über das Druckmittel der Eigenkündigung verfügen. Bevor Sie sich auf einen Streit einlassen, lassen Sie das Thema besser fallen.

Manchmal müssen Sie schnell entscheiden, ob Sie in eine Auseinandersetzung einsteigen oder nicht. Und manchmal werden Sie vielleicht einen Impuls verspüren, sich in eine Streitigkeit einzumischen. Bevor Sie das tun, stellen Sie sich drei einfache Fragen:

1. Betrifft es mich oder bin ich zuständig bzw. verantwortlich?
2. Ist es wichtig?
3. Kann ich es (jetzt) ändern?

Wenn Sie nur eine dieser Fragen mit "nein" beantworten, lassen Sie vorerst besser die Finger davon und überdenken die Lage in aller Ruhe.

Keine emotionalen Streitigkeiten

Untersuchungen haben gezeigt, dass Arbeitsteams umso effizienter sind, je besser es ihnen gelingt, emotional dominierte Konflikte zu verhindern. Emotionale Streitigkeiten sind in aller Regel auch personalisierte Streitigkeiten. In der Auseinandersetzung werden Sachen und Personen verknüpft, sodass das Bestreiten eigen Arguments zugleich die Abwertung der Person bedeutet. In der Folge bauen die Streitgegner Verteidigungslinien auf. Das verzögert die Lösung der Sachfragen und verschlechtert die Beziehung der Streitparteien. Hier ein paar Tipps, wie Sie diese Falle umgehen können:

- *Vermeiden Sie peinliche Themen*

  Denken Sie daran: Es geht Ihnen darum, das Problem zu lösen, wenn Dinge einmal schief laufen. In einer solchen Lage hilft es nicht weiter, zu prüfen, wer seine Pflichten vernachlässigt oder einen Fehler gemacht hat. Statt nach dem oder der Schuldigen zu suchen, suchen Sie nach Lösungen für das akute Problem und nach Möglichkeiten, die Abläufe zu verändern, so dass in Zukunft bessere Ergebnisse erreicht werden. Wenn der oder die Verantwortliche ohne weiteres erkennbar ist, vermeiden Sie auf jeden Fall eine öffentliche Bloßstellung. Sie gewinnen dadurch in der Sache nichts, Schaden aber Ihrem persönlichen Image.

- *Halten Sie Ihren Ärger unter Kontrolle*

Menschen, die (zu Recht) verärgert sind, neigen dazu, den "Angreifer" in ihrem gerechten Zorn zurechtzuweisen oder abzuwerten. Schnell ist man mit Attributen wie verantwortungslos, unfähig, faul oder egoistisch bei der Hand. Solche Unwerturteile werden außerdem noch gerne generalisierend ausgesprochen (*"Der/Die tut das immer."*). Manche sind auch versucht, die andere Person zu verletzen oder für ihr "Vergehen" zu bestrafen. Handeln aus Verärgerung zielt in aller Regel auf Vergeltung um der eigenen Besänftigung willen. Das Ziel der Konfliktlösung wird aus den Augen verloren. Es gibt Strategien, um den eigenen Ärger zu beherrschen, damit das Ziel im Fokus bleibt. Ich komme darauf später noch zurück.

- *Diskutieren Sie nicht über persönliche Merkmale*

Die Persönlichkeit gehört zu den Eigenschaften, die ein Mensch nicht ändern kann, ebenso wenig wie seine Körpergröße, seine Augenfarbe oder seinen Fingerabdruck. Untersuchungen aus der Zwillingsforschung legen den Schluss nahe, dass die Persönlichkeit zum weitaus größten Teil genetisch angelegt ist. Kritik an der Persönlichkeit führt immer dazu, dass die andere Person eine Abwehrhaltung aufbaut. Andererseits können wir unser Verhalten bestimmen. Deshalb konzentrieren Sie sich auf konstruktive Kritik an den Verhaltensweisen, die Sie gerne geändert sehen möchten. Sie erreichten dadurch ein höheres Maß an Objektivität und Sie geben Ihrem Gesprächspartner zugleich auch mehr Informationen darüber, was Sie erreichen möchten.

Machen Sie Ihrem Angestellten also nicht den Vorwurf, dass er un-freundlich gegenüber den Kunden sei, sondern verdeutlichen Sie wie wichtig ein guter Kundenkontakt ist. Machen Sie klar, dass dazu gehört, dass man als Verkäufer den Blickkontakt hält und "Dankeschön" sagt.

Wann Sie einen Streit verschieben sollten

Konfliktmanagement – und besonders die Wahl des Konflikt-modus - ist immer eine Frage der Effizienz von Problemlösun-gen. Das gilt für den Vermeidungsmodus in besonderem Maße, weil Sie sich entscheiden müssen, ob Sie ein Problem lösen oder es (vorerst) sein lassen. Und tatsächlich gibt es eine ganze Reihe von Situationen, wo es effektiver ist, ein Problem auf die Seite zu schieben.

- *Wenn Sie nicht genug Zeit haben*

  Möglicherweise sind Sie gerade damit beschäftigt, andere, bedeutend wichtigere Probleme zu lösen und haben nicht die Zeit, sich mit dem anstehenden Konflikt zu befassen. Wenn der Konflikt nicht völlig lapidar ist oder die Lösung delegiert werden kann, müssen Sie sich damit befassen. Wenn Sie aber dadurch unter Zeitdruck geraten, kann das Ihre Wahlmöglichkeiten beim Konfliktverhalten einschrän-ken und das Ergebnis negativ beeinflussen. Dann kann es sinnvoll sein, die Gespräche zu verschieben, bis Sie ausrei-chend Zeit zur Verfügung haben.

- *Wenn Sie weitere Informationen benötigen*

  Bevor Sie in einer Auseinandersetzung eine schnelle Ent-scheidung treffen, ohne ausreichend informiert zu sein, verschieben Sie das Gespräch bis Sie und die andere Seite alle notwendigen Informationen beschafft haben. Dazu kann auch gehören, das Sie überprüfen, inwieweit andere Personen in den Konflikt verwickelt sind und ob und wie diese Personen vielleicht bei der Lösung des Problems hilfreich sein können.

- ***Wenn eine Rückbesinnung notwendig ist***

Gerade wenn Sie sich mit komplexen oder sensiblen Themen befassen müssen, ist es von großer Wichtigkeit, dass Sie geistig flexibel, ausgeruht und emotional stabil sind. Legen Sie den Gesprächstermin nicht gerade ans Ende einer harten Arbeitswoche. Ihre Chancen auf eine gute Problemlösung steigen erheblich, wenn Sie in Bestform antreten. Auch wenn Sie sich selbst noch fit fühlen, muss das für Ihren Gesprächspartner nicht gelten. Es macht wenig Sinn eine Auseinandersetzung zu beginnen, wenn die andere Seite erschöpft ist. Die Gefahr ist hoch, dass der Konflikt eskaliert, weil der Streitpartner aufgeregt oder ärgerlich wird oder sich überfordert fühlt.

- ***Wenn Sie sich eine Auszeit gönnen möchten***

Wenn Sie mit Ihrem Streitpartner in der Diskussion feststecken und Sie keine Lösung sehen, hilft es manchmal, das Gespräch zu unterbrechen. Nutzen Sie die Chance, in der Pause die Sache nochmals zu überdenken. In einer entspannten Situation lassen sich oft neue Gesichtspunkte entdecken, die später zu überraschenden Impulsen führen können.

- ***Wenn das Setting ungünstig ist***

Manchmal beeinträchtigt oder verhindert die Umgebung oder die konkrete Raumgestaltung eine positive Entwicklung. Manche Gesprächsthemen brauchen eine neutrale Umgebung, andere eine eher persönliche Atmosphäre (vielleicht sogar außerhalb der Betriebsräume) und wieder andere können Sie ohne weiteres von ihrem Schreibtischsessel aus angehen. Ich habe schon eingangs darauf hingewiesen, dass Konfliktmanagement ein dynamischer Prozess ist, der einer ständigen Veränderung unterliegt. Diese Veränderungen können ein anderes Setting notwendig machen. In diesem Fall ist die Vertagung des Gesprächs eine förderliche Maßnahme.

Den Vermeidungsmodus umsetzen

Versuchen Sie, den Menschen nicht zu meiden

Im sozialen Kontakt ist es einfach und üblich, bestimmten Menschen aus dem Weg zu gehen, die man nicht mag. Sie suchen sich schließlich Ihre Freunde selbst aus. Im Geschäftsleben, aber auch in der Familie ist das nicht so leicht. Wenn Sie in diesen Systemen einzelne Menschen meiden, kann das ersthafte Probleme verursachen. Im beruflichen Umfeld gehört es zu einem professionellen Verhalten, einigen Ärger aushalten zu können und auch unangenehme Aufgaben zu erledigen. Und vor allem besteht die Aufgabe von Führungskräften gerade darin, Beziehungen aufzubauen und nicht, sie zu verschlechtern.

Tatsächlich gibt es nur sehr wenige Fälle, wo es im Interesse des eigenen Wohlergehens und der eigenen Sicherheit notwendig ist, den Kontakt zu vermeiden oder abzubrechen. Zu denken ist an Kontakte zu Personen, denen Sie nicht vertrauen können oder die Sie ausnutzen wollen. In solchen Fällen bleibt nur die

Möglichkeit, sich versetzen zu lassen oder das Unternehmen zu wechseln. Und in einer Paarbeziehung sagen Sie die Hochzeit ab und trennen sich. Aber der Abbruch der persönlichen Beziehung sollte stets die letzte Option sein.

Klammern Sie unwichtige Themen aus

Damit Sie sich mit aller Energie und Aufmerksamkeit Ihren Aufgaben widmen können, ist es unerlässlich, dass Sie es vermeiden, sich mit unwichtigen Themen zu befassen. Die Entscheidung, was wichtig ist und was nicht, ist stets eine Abwägung mit vielen Faktoren. Auf die sichere Seite begeben Sie sich aber, wenn Sie entscheiden, was wichtig ist. Dafür gibt es nachprüfbare Indikatoren:

- *Sie kennen Ihre Ziele für das Gespräch*

  Wenn Sie keine klare Vorstellung davon haben, wo die Auseinandersetzung hinführen soll, dann verschwenden Sie mit der Verhandlung nur ihre Zeit. Verschieben Sie die Diskussion bis Sie sich darüber im Klaren sind. Gemeint ist damit nicht unbedingt das Ergebnis der Auseinandersetzung, sondern Ihre Zielvorstellung, Ihre Anliegen, Ihre Bedürfnisse und Ihre Positionen. Und nicht zuletzt: Geht es um Ihren Verantwortungsbereich?

- *Suchen Sie Übereinstimmungen*

  Wenn Sie und Ihre Gesprächspartner über bestimmte Grundsätze einig sind, muss darüber nicht gestritten werden. Sie reduzieren mit Ihrer Zustimmung die Komplexität, weil über diese Punkte keine Diskussion mehr aufkommen kann. Je größer die Gruppe der Teilnehmer ist, umso eher macht es Sinn, die gemeinsamen Prinzipien für das Meeting schriftlich in Form einer Tagesordnung/Agenda festzuhalten.

- *Achten Sie auf die Einhaltung der Agenda*

Wenn es Ihnen gelungen ist, eine Agenda für das Meeting gemeinsam zu beschließen, dann sollten sich auch alle Teilnehmer an diesen Beschluss halten. Sie können sich dabei auf die Autorität der gemeinsamen Entschließung berufen und auf diese Weise verhindern, dass unwichtige Nebensächlichkeiten diskutiert oder neue Streitpunkte eingeführt werden, auf die niemand angemessen vorbereitet ist. So setzen Sie zielführende Verhandlungen durch ohne selbst autoritär auftreten zu müssen.

- *Bleiben Sie offen für neue Informationen*

Manchmal kommt es vor, dass bestimmte Themen ein größeres Gewicht haben als angenommen. Solche Themen können mit einer so großen Intensität auftauchen, dass Sie diese Fragen ansprechen müssen. Typische Warnzeichen für solche Situationen sind etwa

- Die Teilnehmer interessieren sich nicht für die Themen auf der Tagesordnung;
- Das ausgeschlossene Thema kommt immer wieder auf den Tisch;
- Die Teilnehmer schleichen wie die Katze um den heißen Brei.

Konfliktvermeidung ohne auszuweichen

Die Strategie der Konfliktvermeidung führt zu einer LOSE-LOSE-Situation. Aus der Sicht der anderen Partei geben Sie Ihre eigenen Belange auf. Das kann als Schwäche, Angst oder Unsicherheit interpretiert werden. Zugleich aber bleiben auch die Belange der Gegenseite unbehandelt. Die Annahme von Schwäche und die Unzufriedenheit kann die Gegenpartei zum Wettstreit animieren. Daher ist es wichtig, dass Sie deutlich machen, warum Sie das Thema (jetzt) nicht behandeln wollen. Erklären Sie Ihre Gründe. Sonst kann der Eindruck entstehen, dass Sie nur der Auseinandersetzung aus dem Weg gehen wollen. Unklarheiten über Ihre Motive nähren den Verdacht von Willkür oder einer unfairen Einstellung. Die andere Seite könnte annehmen, dass Sie sie mit Nichtachtung bestrafen oder in der Person herabwürdigen wollten oder dass Sie ganz andere – geheime - Ziele verfolgen. Für die weiteren Verhandlungen ist es von entscheidender Bedeutung, dass Sie einen solchen Verdacht gar nicht erst aufkommen lassen.

- **Teilen Sie Ihre Gründe mit**

  Legen Sie die Karten auf den Tisch. Sie haben es schließlich gut durchdacht, bevor Sie sich für den Konfliktmodus "Vermeidung" entschieden haben. Begründen Sie ihren Entschluss kurz aber prägnant und nachvollziehbar.

  "Ich kann das jetzt nicht mit Ihnen diskutieren, weil ich den 30 Minuten einen Termin am anderen Ende der Stadt habe."
  "Meiner Meinung nach fällt dieses Thema in den Verantwortungsbereich der Marketing-Abteilung. Ich möchte mich nicht in deren Kompetenzen einmischen."

- **Wenn Sie ein Thema verschieben, nennen Sie einen Termin**

  Wenn Sie das Gespräch einfach nur mit "jetzt nicht" ablehnen, setzen Sie sich mit hoher Wahrscheinlichkeit dem Verdacht aus, dass Sie der Sache ausweichen. Vermeiden Sie das am besten gleich von Anfang an:

"Im Moment bin ich mit der Zertifizierung stark eingespannt. Ich möchte mich auch noch genauer in Thema einarbeiten. Kann das bis Anfang des nächsten Monats warten?"

- ### Holen Sie sich die Zustimmung

Versuchen Sie, Ihren Gesprächspartner zur Zustimmung zu bewegen. Wenn Ihr Gegenpart mit der Vertagung einverstanden ist, können keine unbeabsichtigten Verletzungen auftreten und Sie schaffen ein Klima der Kooperation.

"Ich werde allmählich müde und unkonzentriert. Können wir das Gespräch morgen fortsetzen?"
"Die Kostenfrage ist mir noch nicht ganz klar. Was halten Sie davon, wenn wir erst einmal die Entwicklungsabteilung um deren Kostenschätzung bitten und uns dann heute Nachmittag nochmals zusammensetzen?"

Stoppen Sie die Spirale der Eskalation

Emotional dominierte Konflikte folgen in der Regel einem bestimmten Muster: Eine Person fühlt sich angegriffen oder beleidigt. Sie wird böse und macht ihrem Ärger Luft, aber das auf eine Art und Weise, die die andere Person wiederum als unfairen Angriff empfindet. Das führt zum Gegenschlag. Solche Auseinandersetzungen eskalieren, wenn die Menschen erlittenes Unrecht nicht 1 : 1 ausgleichen, sondern "eine Schippe drauflegen". Die andere Partei soll schließlich merken, dass sie im Unrecht ist und dieses Verhalten künftig unterlassen. Sie können die Spirale der Eskalation stoppen, indem Sie ganz bewusst mit Ihrem eigenen Verhalten gegensteuern.

- *Achten Sie auf Ihre psychischen Grenzen*

So wie sich der physische Mensch mit seiner Haut eine Grenze zu seiner Umwelt hat, gibt es auch eine Grenze zwischen Geist und Körper. René Descartes (1596 bis 1650) unterschied den Menschen streng zwischen einer denkenden und einer ausgedehnten Substanz. Er lieferte damit die bekannteste Formulierung des Geist-Körper-Dualismus. Psychologen sprechen von der "psychologischen Grenze". Wir werden später noch die hirnorganischen Prozesse bei der Entscheidungsfindung beleuchten. Die persönliche Grenze beschreibt die Trennlinie zwischen Menschen und Ereignissen. Sie bestimmt darüber, ob eine Beobachtung von Geschehnissen das emotionale Zentrum aktiviert oder nicht. Das hängt maßgeblich von den Überzeugungen, Werten und Einstellungen des Einzelnen ab. Die psychologische Grenze bestimmt also darüber, ob und welche Gefühle eine Beobachtung auslöst, nicht die Beobachtung des Geschehens an sich. Die Grenzen sind individuell verschieden:

- Manche Menschen empfinden es als plump und unangemessen, von einem Fremden geduzt oder berührt zu werden.

- Eine Frau verbittet sich Anzüglichkeiten ihres Kollegen, der seiner Ansicht nach nur scherzt.

- Jemand will einen anderen zu einer "krummen Sache" überreden, doch der sagt nein.

- Manche sind verrückt nach Nervenkitzel, andere würden niemals einen Bungee-Sprung machen.

- Eine Kollegin reagiert aggressiv als ihre Zimmernachbarin eine Entscheidung fällt, ohne mit ihr darüber zu sprechen.

- usw.

Schon diese wenigen Beispiele zeigen, dass die persönliche psychologische Grenze bei der Entstehung von Gefühlen eine wichtige Rolle spielt. Daraus folgt unmittelbar, dass jeder Mensch selbst für seine Gefühle verantwortlich ist. Bis zu einem gewissen Grad ist das steuerbar.

Der buddhistische Mönch Tich Nhat Hanh äußerte sich in einem Vortrag über Konflikteskalation durch Angriff und Gegenschlag: Ein Mann will einen Nagel in die Wand schlagen, dabei trifft der Hammerkopf den Daumen der linken Hand. Die linke Hand sagt zur rechten: "Das hat sehr weh getan und das zahle ich dir heim. Gib mir mal den Hammer." Genauso verhalten sich Menschen bei eskalierenden Konflikten.

- ***Vermeiden Sie Unterstellungen***

In Konfliktsituationen werden Menschen ärgerlich, wenn Sie glauben, dass ihr Konfliktpartner versucht, sie absichtlich zu verletzen oder aus unlauteren Motiven handelt. Der Ärger verleitet dann zum Gegenangriff, der den Einstieg in die Eskalationsspirale bildet. Wenn Sie die Fähigkeit entwickeln, Ihren Ärger zu kontrollieren, vermeiden Sie diese Falle. Versuchen Sie nicht, die Gedanken Ihres Gegenübers zu lesen. Sie werden oft falsch liegen: Und negative Unterstellungen führen Sie weg von Ihren Zielen. Unterbrechen Sie den Impuls, Ihrem Ärger gleich Luft zu machen. Geben Sie stattdessen eine positive Rückmeldung und fragen Sie nach den Motiven:

"Ich sehe, dass wir uns alle um die beste Lösung bemühen, aber die Umstände sind schwierig. Ich verstehe nicht, warum Sie das jetzt gesagt haben. Können Sie mir das bitte erklären?"

- **_Lassen Sie Dampf ab – aber kontrolliert_**

Wenn Sie richtig mit Ärger "aufgeladen" sind, müssen Sie Dampf ablassen. Die mit dem Ärger verbundenen Empfindungen blockieren ein Stück weit Ihr Denken, das auf die negativen Gefühle fokussiert. Sie müssen den Ärger abbauen, damit Sie sich wieder mit klarem Kopf der Sache widmen können. Aber unterdrücken Sie den Impuls, sofort zu reagieren. Zeigen Sie der anderen Seite nicht, dass Sie sich getroffen oder verletzt fühlen oder wütend sind. Machen Sie erst mal eine Pause. Suchen Sie einen Gesprächspartner der an dem Konflikt nicht beteiligt ist und machen Sie sich dort Luft von Ihrer Verärgerung. Das kann ein Kollege sein, ein Freund oder ein Mitglied Ihrer Familie. Reden Sie erst wieder mit Ihrem Streitpartner, wenn Ihr Ärger verflogen ist und Sie wieder klar auf Ihre Ziele ausgerichtet sind.

- **_Vermeiden Sie negative Untertöne_**

Die meisten Wörter mit denen wir andere Menschen beschreiben, vermitteln eine Aussage über den Sinngehalt des Wortes hinaus. Diese Nebenbedeutungen oder Untertöne können positiv oder negativ gemeint sein und sie können missverstanden werden. Gerade aus dem Ärger heraus, werden oft Beschreibungen mit negativer Konnotation benutzt, um den anderen zu verletzen. Wir müssen uns darüber im Klaren sein, dass Konflikte als unangenehm empfunden werden. In solchen Situationen sind vor allem die auf Gefahrenerkennung spezialisierten Gehirnareale besonders aktiv. Wir haben gesehen, dass die Informationsverarbeitung dort unbewusst abläuft. Wenn Sie die Eskalation vermeiden wollen, verwenden Sie eine Sprache, die eine Aktivierung der Gefahrenerkennung vermeidet. Unterlassen Sie Bewertungen der Person, beschreiben Sie Ihre Wahrnehmungen neutral so genau wie möglich.

Es hilft nicht weiter, wenn Sie Ihren Streitgegner als "faul" beschimpfen. Kommen Sie auf den Punkt: "Ich habe gesehen, dass der Katalog noch nicht fertiggestellt ist. Ich mache mir Sorgen, ob wir das Material noch rechtzeitig zur Messe verfügbar haben. Wir müssen festlegen, was zu tun ist, damit wir das noch schaffen."

- **Bauen Sie Spannungen ab**

In hitzigen Diskussionen kann es sinnvoll sein, gezielt Irritationen einzusetzen, um die Situation zu entspannen. Humor ist ein wirkungsvolles Mittel, weil er der Auseinandersetzung eine spielerische Note gibt. Und vereintes Lachen stärkt das Gemeinschaftsgefühl. Es hilft, wenn die humoristische Einlage einen Bezug zur Sache hat und erkennbar witzig gemeint ist. Paradoxe Vorschläge sind ein weiteres Mittel, um Spannungen zu lösen. Das Wesen der paradoxen Intervention ist, dass sie an die laufenden Gedankengänge anschließt, aber eine Lösung präsentiert, die offensichtlich nicht erwartet wurde oder irrational ist. Die laufenden Denkprozesse werden irritiert und zu neuen kreativen Lösungssuche eingeladen.

Die Paradoxie kann ein anderes Entscheidungsverfahren einführen, das Wunschergebnis konterkarieren oder sich aus der Änderung des Konfliktmodus ergeben:

Wenn sich zwei Geschäftspartner nicht über die Verteilung des Gewinns aus einem Geschäft einigen können, wäre ein solcher paradoxer Vorschlag, um den Gewinn zu würfeln: Die Summe wird durch sieben geteilt und das Ergebnis mit der gewürfelten Augenzahl multipliziert. So geht keine Partei leer aus. Per Losentscheid wird bestimmt, wer würfeln darf. Das Ergebnis ist bindend.

Das Vermeidungsmodell

Beim Streit um unterschiedliche Fertigungsmethoden, könnte ein paradoxer Vorschlag sein, die Produktion insgesamt einzustellen und alle betroffenen Mitarbeiter zu entlassen. Dieses Ergebnis ist absolut unerwünscht und der Vorschlag wird wahrscheinlich als lächerlich abgetan. Trotzdem knüpft er an die Situation des Scheiterns an.

Berühmt ist das Salomonische Urteil. Zwei Frauen haben je ein Kind geboren. Eines starb bei der Geburt. Nun stritten die Frauen darum, wer die Mutter des lebenden Kindes sei. Die Sachlage war nicht aufzuklären. Da schlug König Solomon vor, das Kind zu halbieren. Das Ergebnis ist bekannt. Die Paradoxie liegt hier im Wechsel des Konfliktmodus – weg vom Wettstreit (Verteilungskampf "alles oder nichts") hin zum Kompromiss.

Zusammenfassung: Vermeidungsmodell

KRITERIEN

Keine nutzlose Auseinandersetzungen

- Wenn das Streitthema (als solches) unwichtig ist
- Wenn das Streitthema ein Symptom für ein anderes Problem ist
- Wenn andere das Streitthema erledigen können
- Wenn es um hochsensible Themen geht
- Wenn der Streit nicht zu gewinnen ist
-

Keine emotionalen Streitigkeiten

- Vermeiden Sie peinliche Themen
- kontrollieren Sie Ihren Ärger

Keine Diskussion über persönliche Merkmale

Wann Sie einen Streit verschieben sollten

- Wenn Sie nicht genug Zeit haben
- Wenn Sie weitere Informationen benötigen
- Wenn eine Rückbesinnung notwendig ist
- Wenn Sie sich eine Auszeit gönnen möchten
- Wenn das Setting ungünstig ist

TOOLS

Versuchen Sie, den Menschen nicht zu meiden

Klammern Sie unwichtige Themen aus

- Sie kennen Ihre Ziele für das Gespräch
- Suchen Sie Übereinstimmungen
- Achten Sie auf die Einhaltung der Agenda
- Bleiben Sie offen für neue Informationen

Konfliktvermeidung ohne auszuweichen

- Teilen Sie Ihre Gründe mit
- Wenn Sie ein Thema verschieben, nennen Sie einen Termin
- Holen Sie sich die Zustimmung

Stoppen Sie die Eskalation

- Achten Sie Ihre psychologischen Grenzen
- Vermeiden Sie Unterstellungen
- Lassen Sie kontrolliert Dampf ab
- Vermeiden Sie negative Untertöne
- Bauen Sie Spannungen ab

Das Anpassungsmodell

Das Anpassungsmodell im Überblick

Das Anpassungsmodell bringen Sie zum Einsatz, wenn es Ihnen wichtig ist, die Bedürfnisse der anderen Partei zu befriedigen, auch wenn es auf Ihre Kosten geht. Sie haben es hier mit einer WIN-LOSE-Modell zu tun, in dem Sie sich zugunsten des Konfliktpartners aufopfern.

Typische Merkmale

- **Sie tun einen Gefallen oder helfen**
- **Sie haben sich überzeugen lassen**
- **Sie beugen sich einer Autorität**
- **Sie vertrauen auf Expertenwissen**
- **Sie befrieden eine gefährliche Situation**

Vorteile

- **wirksame Unterstützung**
- **bewahrt die Harmonie**
- **baut Beziehung auf**
- **beendet den Konflikt sofort**

Nachteile

- **eigene Belange gehen unter**
- **Verlust von Respekt**
- **Abbau von Motivation**
- **keine Lerneffekte**

Der Anpassungsmodus setzten Sie als Strategie ein, um Ihren Status aufzuwerten oder zukünftige Chancen zu realisieren oder wenn Sie augenblicklich Ihre Interessen nicht durchsetzen können oder Aufwand und Ertrag außer Verhältnis stehen. Sie stellen bewusst die Bedürfnisse der anderen Partei in den Vordergrund und Ihre eigenen Anliegen in fremdem Interesse zurück. Diese Konflikthaltung beendet eine Auseinandersetzung sofort. Richtig eingesetzt kann der Anpassungsmodus hochgradig beziehungsstiftend wirken.

Strategiewahl

nicht bei wichtigen Anliegen

Das Anpassungsmodell eignet sich als "noble Geste", wenn es um Kleinigkeiten geht. Sie können damit den Goodwill der Gegenseite erreichen, was an anderer Stelle von Nutzen sein kann. Der Anpassungsmodus ist aber völlig ungeeignet und gefährlich, wenn Sie wichtige oder sogar vitale Interessen aufopfern würden. Wenn Sie bei wichtigen Anliegen aufgeben, unterminieren Sie Ihre Position dauerhaft und senden ein Zeichen der Schwäche. Die damit verbundene Negativwirkung liegt auf der Hand.

sparsam einsetzen

Im Unterschied zum Kompromissmodus dürfen Sie keine Gegenleistung erwarten. Der Anpassungsmodus ist durch die Aufgabe der eigenen Position gekennzeichnet, also durch einseitiges Nachgeben. Als dauerhafte Konflikthaltung führt Anpassung unweigerlich zum Statusverlust.

Keine Beschwichtigung bei unfairen Attacken

In manchen Situationen kann es durchaus gefährlich sein, sich auf eine Auseinandersetzung einzulassen, gerade wenn Sie unfair angegriffen werden. Besonders bei ungleichen Machtverhältnissen kann die Streitigkeit schnell eskalieren. Denken Sie nur daran, dass Ihr Chef vielleicht einen schlechten Tag erwischt und am Ende seiner Kräfte ist. In der Überlastungssituation verliert er die emotionale Kontrolle und schreit Sie an. Wenn sie Auseinandersetzung eskaliert. kann es sogar zur Spontankündigung kommen.

In solchen Fällen ist es gefährlich, die Lage nicht vorläufig und schnell zu befrieden. Auch wenn Sie eine solche Behandlung nicht verdient haben und das Verhalten missbilligen: Als erfahrender Konfliktmanager bleiben Sie ruhig und versuchen die Situation erst einmal zu entspannen. Behalten Sie im Blick, dass Konfliktmanagement in erster Linie bedeutet, die Interaktion zwischen den Streitparteien zu beeinflussen.

In Ihrem eigenen Interesse müssen Sie aber auch klarstellen, dass Sie das unangemessene Verhalten nicht hinnehmen. Ansonsten laufen Sie Gefahr, dass Sie immer wieder mit harten Attacken zum Nachgeben gedrängt werden. Auf Dauer schadet Ihnen das erheblich. Deshalb sollten Sie unbedingt den Vorfall zu einem späteren Zeitpunkt ansprechen, wenn sich die andere Partei wieder gefangen hat. Sollte sich ein solcher Ausbruch wiederholen, schauen Sie sich besser nach einer anderen Position um. Und wenn der erste Angriff wirklich schwerwiegend war, warten Sie nicht auf die zweite Attacke. Verlassen Sie das Spielfeld so schnell wie möglich.

Folgen Sie der besseren Lösung

Es kann vorkommen, dass Sie sich eine Meinung gebildet haben und feststellen müssen, dass Sie sich vielleicht geirrt haben. Die einzig ehrliche Reaktion kann dann nur sein, den eigenen Fehler zuzugeben. Auf lange Sicht erzeugen Sie damit mehr Vertrauen in Ihre Person als mit dem Versuch, die unsichere Position zu verteidigen. Außerdem ist das auch für Ihr Unternehmen von Vorteil, weil Zeit und Geld gespart wird.

- *Wenn Sie überzeugt wurden*

  Es ist denkbar, dass Sie im Verlauf des Entscheidungsprozesses neuen Informationen erhalten, die Ihre ursprüngliche Meinung als falsch erweisen. Sie erkennen, dass Sie Ihre Ansichten auf unzureichende Grundlagen gestützt haben und jetzt eine Neubewertung ansteht. Wenn Sie dann zu dem Ergebnis kommen, dass die andere Partei Recht hat, dann geben Sie das auch zu. Ein offener Rückzug ist dann allemal besser als eine verlorene Schlacht zu schlagen. In Ihrem Nachgeben liegt keine Schwäche, sondern Sie demonstrieren Objektivität und Offenheit.

- *Wenn die andere Seite besseres Wissen hat und die Zeit knapp ist*

  In Krisen oder bei Notfällen sind lange Diskussionen schädlich. Wenn eine schnelle Entscheidung getroffen werden muss, verlassen Sie sich auf die Person, die über spezielles Expertenwissen verfügt und vertrauen Sie darauf, dass deren Vorschlag der beste ist. Das Risiko einer falschen Entscheidung ist damit begrenzt und der (sonst sichere) Schaden durch Verzögerung abgewendet.

Geben Sie nach, wenn Sie nicht gewinnen können

Sie haben Ihre Meinung gut begründet. Sie hören die Gegenargumente und bleiben von der Richtigkeit Ihrer Ansicht überzeugt. Trotzdem gelingt es Ihnen nicht, sich durchzusetzen. Dann ist es Zeit, sich elegant aus der Affäre zu ziehen. Ansonsten riskieren Sie, dass sich die Entscheidung weiter verzögert und Sie an Ansehen verlieren.

- *Wenn Ihr Chef auf seiner Meinung besteht*

  Wenn es hart auf hart kommt und Ihr Vorgesetzter auf seiner Anordnung besteht, sollten Sie sich der Macht beugen. Sie schützen damit Ihre Interessen am besten und Sie dienen auch der Organisation, weil Sie die innere Hierarchie akzeptieren. Alles andere würde bedeuten, dass Sie die interne Struktur angreifen. Mit einem Angriff stellen Sie die Meinungsverschiedenheit auf ein völlig anderes Niveau, weil Sie die Regeln der Organisation in Frage stellen. Es liegt auf der Hand, dass Sie dann ein viel höheres Risiko für Ihre eigenen Interessen eingehen, die über die Auseinandersetzung über die Anordnung hinausgehen..

- *Wenn Sie in einer Gruppe überstimmt werden*

  In größeren Gruppen oder Teams werden wichtige Fragen oft durch die Mehrheit entschieden. In kleineren Einheiten ist es dagegen sinnvoller, nach einer gemeinsamen Lösung zu suchen. Überall ist es im allgemeinen erlaubt, dass Sie als Mitglied der Gruppe Ihren Standpunkt darlegen dürfen, bis Sie sicher sind, dass die anderen Ihre Ansichten und Beweggründe verstanden haben. Wenn Sie dann aber keine Unterstützung für Ihre Meinung finden, müssen Sie sich der Mehrheit beugen.

- *Wenn Sie unterliegen werden*

Oftmals ist es sinnlos die Diskussion fortzusetzen, wenn Sie erkennen, dass Sie sich nicht werden durchsetzen können. In solchen Situationen sollten Sie die Argumentation beenden, um die Beziehung zu den Gesprächspartnern zu schonen. Und Sie können so wenigstens Zeit sparen. Wenn die andere Seite recht behält, haben Sie klug entschieden und wenn nicht, haben Sie Ihren Bedenken wenigstens geäußert.

Alte Verletzungen heilen

Der Anpassungsmodus kann sehr sinnvoll und hilfreich sein, wenn eine Beziehung durch vorangegangene Auseinandersetzungen arg strapaziert ist. Hier bietet sich die Möglichkeit, eine angeschlagene Partnerschaft zu kitten und die gemeinsame Arbeit fortzusetzen.

- *Wenn Sie etwas wiedergutmachen müssen*

Vielleicht ist Ihr Streitgegner verärgert über Sie, weil Sie ihm Schaden zugefügt haben, in Konkurrenz getreten sind, ihn beleidigt oder eine unsachliche Bemerkung gemacht haben. Wenn dies nicht bereinigt wird, bleiben immer Vorbehalte bestehen, die dazu führen können, dass die Beziehung ernsten Schaden nimmt. Zudem untergräbt der verdeckte Konflikt das Vertrauen in Ihre Glaubwürdigkeit und Ihre Person. Wenn die Beziehung für Sie wichtig ist, sollten Sie Ihren Fehler eingestehen und sich um Wiedergutmachung bemühen.

- ***Wenn Sie etwas verzeihen sollten***

Umgekehrt kann es sein, dass Sie in der Vergangenheit durch die andere Partei gedemütigt oder geschädigt wurden. Im Stillen hegen Sie Groll und Vorbehalte. Sie erwarten, dass der oder die andere sich bei Ihnen entschuldigt, aber Sie müssen erkennen, dass das nicht geschehen wird. Im Lauf der Zeit kann daraus Verbitterung und sogar offene Feindschaft entstehen. Verbitterung gehört mit zu den Ursachen von Burnout und anderen psychischen und psycho-somatischen Störungen. Es ist also in Ihrem eigenen Interesse, diese Belastung für sich selbst zu beseitigen und die weitere Zusammenarbeit zu ermöglichen. Das haben Sie selbst in der Hand. Wenn Sie der anderen Person verzeihen, heißt das aber nicht, dass Sie Ihr auch völlig vertrauen müssen. Unter Umständen müssen Sie sogar mit weiteren Angriffen rechnen. Aber es ist wichtig, dass Sie Abstand nehmen von Groll und Bitterkeit. Schließlich geht es um Ihre Lebensqualität.

Den Anpassungsmodus umsetzen

Anpassungsleistungen wie Nachgeben, sich der Mehrheit beugen oder sich einer Autorität unterwerfen werden oft als Schwäche oder als Eingeständnis von Fehlern angesehen. Halten Sie sich vor Augen, dass es sich um eine planvolle und durchdachte Konfliktstrategie handelt, die Sie bewusst einsetzen, um bestimmte Ziele zu erreichen. Handeln Sie daher auch in dieser Situation mit dem Bewusstsein innerer Stärke und mit dem Vertrauen, das Richtige zu tun. Die Art und Weise, wie Sie in einem Konflikt nachgeben ist entscheidend für die Außenwirkung und damit für Ihren Status bei zukünftigen Auseinandersetzungen. Wenn Sie aufgeben, dann soll das eine intelligente Entscheidung sein, kein Zurückweichen aus Angst

Ziehen Sie sich elegant zurück

Im Anpassungsmodus geht es um mehr als die Aufgabe Ihrer eigenen Position - es geht auch um Ihre Person. Achten Sie darauf, dass Ihre Reputation keinen Schaden nimmt, wenn Sie nachgeben.

- *Seien Sie kein schlechter Verlierer*

  Auch wenn Sie vielleicht frustriert sind, sich nicht behauptet zu haben: Versuchen Sie, sich nicht darüber zu ärgern. Nichts schadet Ihnen mehr, als wenn Sie wütend aus dem Konferenzraum stampfen oder andere beschuldigen, mit unfairen Mitteln gearbeitet zu haben. Bleiben Sie souverän und gelassen. Das sichert Ihnen die Anerkennung.

- *Erklären Sie Ihre Beweggründe*

  Um zu verhindern, dass Ihr Nachgeben als Schwäche, Schuldeingeständnis oder Gleichgültigkeit fehlinterpretiert wird, ist es wichtig, dass Sie kurz erklären, warum Sie Ihre Position aufgeben. Und die Position aufzugeben bedeutet nicht, dass Sie Ihre Meinung ändern.

Ein kleines Opfer, das für andere wichtig ist

In Auseinandersetzungen kommt es häufig vor, dass die Parteien ein bestimmtes Anliegen unterschiedlich bewerten. Was für den einen von überragender Wichtigkeit sein kann, ist für den

anderen vielleicht bedeutungslos. Wenn es Ihnen darauf an-
kommt, die Beziehung zu stärken, können Sie ein (kleines) Opfer bringen, sofern die Sache für Sie nicht wichtig ist und die
Kosten gering sind. Auf diese Weise können Sie auch aus dem
Nachgeben einen Gewinn ziehen.

- ***Einen Gefallen erweisen***

  Gefälligkeiten sind als Mittel der Selbstdarstellung hilfreich. Sie zeigen sich großzügig und flexibel und Sie gewinnen das Vertrauen der anderen Seite. Wichtig ist dabei
  nur, dass der Gefallen nicht als selbstverständlich oder gar
  geschuldet betrachtet wird. So wirken Gefälligkeiten hochgradig beziehungsstiftend, erst recht, wenn Sie dem anderen aus einer Klemme helfen.

- ***Freiräume schaffen***

  Wenn Sie Entscheidungen delegiert haben, wird es immer
  wieder vorkommen, dass Ihre Mitarbeiter Sachverhalte anders bewerten als Sie und zu anderen Entschlüssen kommen. Um diesen Menschen die Chance zur Entwicklung zu
  geben, kann es sinnvoll sein, Fehler in Kauf zu nehmen. Voraussetzung ist allerdings, dass die Kosten eines Fehl-
  schlags gering sind und genug Zeit bleibt, Fehler auszubü-
  geln. Begleiten Sie die Bemühungen Ihrer Mitarbeiter, auch
  wenn Sie anderer Ansicht sind.

- ***Anderen den Rücken stärken***

  Wenn Ihre Position im Unternehmen gesichert ist und Sie
  über genügend Selbstvertrauen verfügen, können Sie sich
  hin und wieder etwas zurücknehmen, um Ihre Geschäftspartner oder Angestellten zu stärken. Dazu gehört, die Leis-

tungen anderer anzuerkennen. Sie stärken Ihrem Mitarbeiter den Rücken, wenn Sie ihm ein Projekt anvertrauen und ihm im Meeting die Präsentation überlassen, auch wenn es Ihre eigene Idee war. Ihnen schadet es nicht und Sie erreichen einen Zugewinn an Loyalität.

Beschwerden abhelfen

Beschwerden sind eine wertvolle Rückmeldung. Sie zeigen, wo eine Sache nicht gut funktioniert und geben die notwendigen Informationen, um Missstände aufzuspüren. Der effektive Umgang mit einer Beschwerde kann eine beschädigte Beziehung zu Freunden, Kollegen oder Kunden reparieren und verlorenes Vertrauen wiederherstellen. Der Umgang mit Beschwerden ist daher besonders wichtig. Beschwerden sind allerdings ein sensibles Thema und für viele auch eine echte Herausforderung. Im Beschwerdemanagement haben Sie es zunächst mit einer emotional aufgeladenen Situation zu tun, die Sie erst einmal entspannen müssen, bevor Sie Ihren Partner mit Vernunftgründen erreichen können. Das ist erst dann möglich, wenn die Emotionalität ausagiert wurde. Geben Sie ihm die notwendige Zeit dazu.

- *Akzeptieren Sie die Verärgerung*

  Beschwerden sind in der Regel mit Verärgerung verbunden. Betrachten Sie den Ärger des anderen als Ausdruck seiner Frustration und machen Sie sich klar, dass es völlig in Ordnung ist, dass der andere ärgerlich reagiert. Dazu gehört, dass es laut und hitzig zugehen kann. Lassen Sie es zu, dass die andere Seite erst mal Dampf ablässt und behalten Sie eine verständnisvolle Haltung, solange es nicht zu

Geschrei, Beschimpfungen oder gar körperlichen Übergriffen kommt. In der Verärgerung ist Ihr Gegenüber hochgradig emotional und Sie können nicht zu ihm durchdringen. Der mit dem Ärger verbundene Hormonschub muss abgebaut werden. Machen Sie den Weg frei, damit Sie zu sachlichen Gesprächen kommen können.

- *Erklären Sie, was passiert ist*

Menschen die sich beschweren, verstehen oft nicht, wie der Fehler passieren konnte. Ohne Kenntnis der Vorgänge und Hintergründe wird gern unterstellt, der Fehler beruhe auf Unfähigkeit, Dummheit oder mangelnder Sorgfalt. Das ist Teil der Verärgerung und verschärft die Situation. Außerdem wird Ihre Kompetenz in Frage gestellt. Geben Sie alle Informationen über die Begleitumstände, die verständlich machen, warum es zu dem Fehler kommen konnte. Versuchen Sie aber nicht, sich zu rechtfertigen oder den Vorfall oder seine Folgen herunterzuspielen. Das führt nur dazu, dass der andere sich nicht ernst genommen fühlt. Er hat den Schaden erlitten und jedes Recht sich zu beschweren. Aber versuchen Sie, die Empörung abzubauen.

- *Hören Sie aktiv zu*

Manchmal ist nicht auf Anhieb klar, was die andere Partei meint oder will. Das gilt in besonderem Maße, wenn der Gesprächspartner aufgebracht ist. Die Technik des aktiven Zuhörens besteht darin, dass Sie in Ihren eigenen Worten wiederholen, was Sie verstanden haben. Durch eine Rückfrage stellen Sie sicher, dass Sie die Botschaft richtig aufgefasst haben. Ihr Gesprächspartner realisiert, dass Sie sich ernsthaft bemühen, sein Anliegen zu verstehen und er gewinnt Sicherheit, wenn Sie signalisieren, dass er verstanden wurde. Das entschärft die Konfrontation.

- ***Entschuldigen Sie sich***

Es ist für den Beschwerdeführer wichtig, dass er sich mit seinem Anliegen angenommen fühlt. Er will auch sichergehen, dass sich der Vorfall nicht wiederholt. Dazu ist eine Entschuldigung unabdingbar. Eine schnelle und aufrichtige Entschuldigung kann eine Konfliktsituation sehr schnell entschärfen. Wichtig ist dabei, dass Sie anerkennen, dass ein Schaden entstanden ist und dass Sie die Verantwortung dafür übernehmen und Ihr Bedauern darüber ausdrücken. Sie machen damit auch deutlich, dass Sie sich üblicherweise nicht so verhalten, wie das eben in diesem speziellen Fall ausnahmsweise geschehen ist. Das gibt Ihnen die Chance, das Vertrauen in Sie oder Ihr Unternehmen zurückzugewinnen.

- ***Leisten Sie angemessene Wiedergutmachung***

Wenn die Interessen der anderen Partei beeinträchtigt wurden, ist es notwendig, dass Sie über die bloße Entschuldigung hinausgehen. Ein kleines Geschenk als Symbol kann Wunder wirken. Und wenn ein Schaden verursacht wurde, gehört der Ersatz natürlich dazu.

Zusammenfassung: Anpassungsmodell

KRITERIEN

nicht bei wichtigen Anliegen sparsam einsetzen

Keine Beschwichtigung bei unfairen Attacken

Folgen Sie der besseren Lösung

- Wenn Sie überzeugt wurden
- Wenn die andere Seiter besseres Wissen hat und die Zeit knapp ist

Geben Sie nach, wenn Sie nicht gewinnen können

- Wenn Ihr Chef auf seiner Meinung besteht
- Wenn Sie in einer Gruppe überstimmt werden
- Wenn Sie unterliegen werden
- Wenn es um hochsensible Themen geht
- Wenn der Streit nicht zu gewinnen ist

Alte Verletzungen heilen

- Wenn Sie etwas wiedergutmachen müssen
- Wenn Sie etwas verzeihen sollten

TOOLS

Ziehen Sie sich elegant zurück

- Seien Sie kein schlechter Verlierer
- Erklären Sie Ihre Beweggründe

Ein kleines Opfer, das für andere wichtig ist

- Einen Gefallen erweisen, helfen
- Freiräume schaffen
- Anderen den Rücken stärken

Beschwerden abhelfen

- Akzeptieren Sie die Verärgerung
- Erklären Sie, was passiert ist
- Hören Sie aktiv zu
- Entschuldigen Sie sich
- Leisten Sie angemessene Wiedergutmachung

Persönlichkeit und Rollenverhalten

Konflikte sind dynamische Prozesse, die einer ständigen Veränderung und Anpassung des Verhaltens unterliegen. Der Verlauf der Auseinandersetzung wird durch viele Faktoren bestimmt: durch die Einstellung zu dem Konflikt und zu dem Streitgegenstand, durch den individuellen Umgang mit dem Problem, durch das Verhalten der Streitpartner usw. Auf die Zirkularität der Interaktionen habe ich schon hingewiesen.

Als Konfliktmanager sind Sie bestrebt, solche Interaktionen zu initiieren, die in Richtung Problemlösung zielen. Das Konfliktgeschehen ist durch eigene Verhalten und das Verhalten der anderen Partei beeinflussbar. Dabei spielt die Persönlichkeit eine wichtige Rolle. Ich hatte eingangs schon darauf hingewiesen, dass das Annäherungs- und Bindungsverhalten Teil unserer individuellen Persönlichkeit ist. Hier komme ich unter einem anderen Blickwinkel nochmals darauf zurück

Persönlichkeitstypen

Die Art und Weise, wie sich Menschen in einer Auseinandersetzung verhalten, ist zum Teil durch die Persönlichkeit festgelegt. Die Persönlichkeit entscheidet, ob ein Mensch tendenziell zur Durchsetzung oder Kooperation neigt. Zur Persönlichkeit gehören Eigenschaften und Fähigkeiten wie Empathie, Durchsetzungskraft, Mut, Geduld, Bindungsfähigkeit, Sicherheitsbedürfnis, Sachorientierung usw.

Üblicherweise unterscheiden wir vier Grundformen von Persönlichkeitstypen:

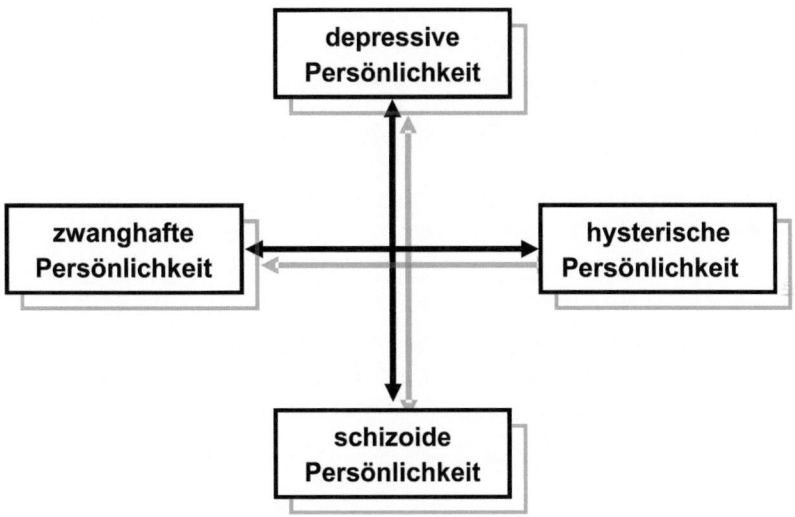

Abb. 11: Persönlichkeitstypen

Die Abbildung verdeutlicht, dass immer zwei Typen ein Gegensatzpaar bilden. Die Persönlichkeiten ergänzen sich in gewisser Weise: Was der einen fehlt, hat die andere im Überfluss. Die Bedürfnislage unterscheidet sich ebenso signifikant wie die Bindungsfähigkeit und die Konflikthaltung. Jeder Mensch trägt Merkmale jedes Typus in sich, allerdings in unterschiedlich starker Ausprägung. Situationsbedingt können daher auch Merkmale eines "fremden" Typus zu Tage treten.

Die depressive Persönlichkeit	**Merkmale**
Der Depressive ist ein Helfertyp. Er tut alles, um geliebt zu werden, hält sich aber selbst nicht für liebenswert. Er hat daher Angst, sich zu entfalten. Er steht nicht für sich selbst ein, weil er dann fürchtet, die Bindung zu verlieren. Er macht sich damit von anderen abhängig. Daher fällt es ihm schwer, sich abzugrenzen und einen eigenen Standpunkt zu vertreten. Der Depressive jammert oft, wenn es nicht nach seinen Vorstellungen geht, neigt aber eher zu Passivität.	einfühlsam vertrauensvoll ermutigend geduldig entspannt
Die schizoide Persönlichkeit	**Merkmale**
Schizoid bedeutet abgespalten. Beim schizoiden Typus bezieht sich die Abspaltung auf die Gefühlswelt. Er ist sachlich und hochkontrolliert. Er misstraut anderen, traut nur sich selbst. Die Abgrenzung zu anderen Personen ist ihm wichtig. Daher wirkt er verschlossen. Weil er sich schlecht in andere hineinversetzen kann, verletzt er oft, ohne es zu beabsichtigen. Schizoide Menschen legen Wert auf ihre Unabhängigkeit, sie sind selbstständig und langweilen sich nicht mit sich allein. Sie haben einen kritisch-unbestechlichen Blick, sind unsentimental, sachlich und zuverlässig.	fordernd entschlossen willensstark zielgerichtet sachorientiert
Die zwanghafte Persönlichkeit	**Merkmale**
Die zwanghafte Persönlichkeit hat ein hohes Sicherheitsbedürfnis und möchte jeden Zufall ausschalten. Veränderungen sind ihr zuwider. Der Zwanghafte neigt zu Prinzipienreiterei. Er will unter allen Umständen an Regeln festhalten. Das kann dazu führen, dass er sich unnötige Grenzen auferlegt und sich selbst einengt. Der Zwanghafte tendiert dazu, seine Vorstellung als die einzig richtige zu sehen. Oft versucht er, andere nach dieser Idee zu formen.	vorsichtig präzise besonnen planvoll formal

Die hysterische Persönlichkeit	Merkmale
Die hysterische Persönlichkeit meidet Verpflichtungen. Sie hat Angst vor dem Verbindlichen. Strukturen und Regeln sieht sie oft als Zwang an. Der Hysteriker hat Freude am Wagnis. Das Unbekannte zieht ihn magisch an. Sicherheit spielt keine große Rolle. Der Hysteriker ist ein Selbstdarsteller. Er mag die Bühne und eilt von Auftritt zu Auftritt. Manchmal lebt er in einer Pseudo-Realität und macht sich gern selbst etwas vor. Er sucht oft keine Partner, sondern nur Publikum.	umgänglich enthusiastisch wagemutig überzeugend redegewandt

Abb. 12: Persönlichkeitsausprägungen

Das Drama-Dreieck

Die Persönlichkeit eines Menschen gibt den großen Rahmen ab, in dem sich das Konfliktverhalten bewegt. Eine weitere Ausprägung erfährt das Verhalten durch die Rolle im Konflikt. Konfliktparteien wechseln die Strategie, zum Beispiel von Wettstreit zu Kompromiss oder von Kooperation zu Wettstreit. Wir haben gesehen, dass das Konfliktverhalten nur Ausdruck einer bestimmten Haltung zum Konflikt ist. Diese kann sich im Verlauf einer Auseinandersetzung verändern. Mit der Verhaltensänderung geht immer eine Veränderung der Rollen einher. Deshalb lassen sich Konfliktabläufe spieltheoretisch über das Rollenverhalten beschreiben.

Die Transaktionsanalyse unterscheidet die fordernde Rolle (Täter/Verfolger), die verteidigende Rolle (Opfer) und die beschützende Rolle (Retter). Das Drama-Dreieck beschreibt ein

Grundmuster menschlicher Aktion und Reaktion und die damit verknüpften Verhaltensweisen. Das Modell des Drama-Dreiecks dient der Beschreibung von Nähe- und Distanzbeziehungen in menschlichen Systemen. Retter und Opfer sind sich oft nah und halten sich vom Täter fern. Wie die "Spieler" ihre "Rolle" füllen, hängt von der Persönlichkeit ab und von ihrem Stil, sich an andere Menschen anzunähern und Bindungen einzugehen. Meistens sind die drei Rollen von Täter/Verfolger, Retter und Opfer auf drei Personen verteilt. Aber auch zwei Personen können die drei Rollen abwechselnd einnehmen. Das Drama-Dreieck lässt sich auch alleine spielen. Dann übernehmen einzelne Persönlichkeitsaspekte in einem inneren Dialog die drei Rollen.

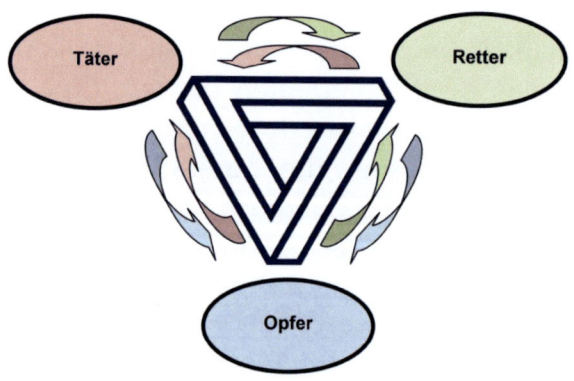

Abb. 13: Drama-Dreieck nach Stephen Karpman

Die Beteiligten übernehmen das Rollenverhalten aus der inneren Notwendigkeit des Musters heraus (Rollenerwartung). Diese Rollenerwartung ist abhängig von der Beobachtung und Bewertung des Konfliktgeschehens. Im Verlauf einer Streitigkeit kann jede veränderte Bewertung "spontane" Rollenwechsel auslösen:

Zwei Menschen rangeln miteinander und einer unterliegt, ist also das "Opfer". Der andere kann als "Täter" betrachtet werden. Jetzt kommt ein Passant dem vermeintlichen Opfer zu Hilfe. Er nimmt die Rolle des "Retters" ein. Dann erklärt das "Opfer", sei alles nur Spaß gewesen und wirft dem "Retter" vor, sich ungefragt eingemischt zu haben. Indem sich das "Opfer" gegen den "Retter" wendet, wird es selbst zum "Täter" gegen den Passanten und dieser verwandelt sich zum "Opfer".

Das Rollenmuster kann den persönlichen Merkmalen der Beteiligten entsprechen oder mit ihnen konkurrieren. So wird sich beispielsweise eine depressive Persönlichkeit leichter mit einer Opferrolle abfinden können als eine schizoide Persönlichkeit. Hysterische Persönlichkeiten laufen eher Gefahr (unbeabsichtigt) zum Täter zu werden als zwanghafte.

Beim Wechsel der Rollenmuster kommt eine zweite Dynamik ins Spiel: Das Rollenverhalten entzieht sich der Steuerung durch das Bewusstsein solange das Muster nicht transparent und bewusst gemacht ist. Das Rollenmuster spricht nämlich die emotionale Ebene unserer Verhaltenssteuerung an. Das Verhalten wird also nicht rational abwägend bestimmt, sondern über die emotionalen Bewertungen "angenehm / unangenehm" impulsiv beeinflusst. Es liegt auf der Hand, dass niemand gerne die Rolle die "Opfers" trägt. Wer sich in einer solchen Situation befindet, wird seine Lage aller Voraussicht nach emotional als unangenehm bewerten und versuchen, diesen Status zu vermeiden, also die Opferrolle abzulegen. Hier zeigt sich die Gefahr der emotional dominierten Verhaltenssteuerung für das Konfliktmanagement:

In dem oben gebildeten Beispiel, wird der Passant möglicherweise bei der nächsten Gelegenheit versuchen, die Opferrolle zu verlassen und in die als stark empfundene Täterposition zu rücken – vielleicht wird er zuhause aus nichtigem Anlass seine Frau anschreien. Auf diese Weise "springt" das verdeckt nachwirkende Muster sogar in einen anderen Zusammenhang mit anderen Beteiligten.

Das Beispiel zeigt, dass verdeckte Muster ohne Steuerung durch das aktive Bewusstsein ablaufen. Solange die Beteiligten (unbewusst) der Rolle folgen, können sie emotional manipuliert werden. Könner auf dem Gebiet der Manipulation fördern ein bestimmtes Rollenverhalten der anderen Partei, um zu ihnen genehmen Reaktionen zu verleiten. Die Herrschaft über das eigene Verhalten geht verloren. Kohlrieser spricht in diesem Zusammenhang von "emotionaler Geiselnahme".

Ausgangspunkt des lösungsorientierten Konfliktmanagements ist die Annahme, dass nur ein freier, selbstbestimmter Mensch Verhandlungen führen kann. Die Gespräche müssen auf einer Ebene, auf "Augenhöhe" stattfinden. Die Transaktionsanalyse (TA) verdeutlicht den Gedankengang. Die TA unterscheidet drei Ich-Zustände (Persönlichkeitsausprägungen):

- **das Eltern-Ich**
  als moralische Instanz. Es ist in fürsorgender und bestrafender Ausprägung denkbar.

- **das Erwachsenen-Ich**
  als autonome Persönlichkeit, rational und selbstbestimmt handelnd im Hier und Jetzt.

- **das Kind-Ich**
  als schutzbedürftige Persönlichkeit. Sie ist als freie bzw. trotzige Ausprägung anzutreffen oder als angepasste bzw. gehorsame Persönlichkeit.

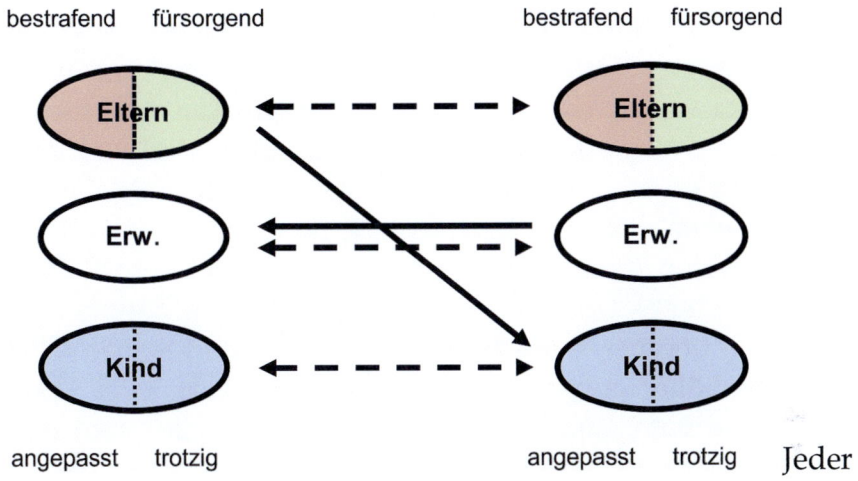

Abb. 14: Ich-Zustände in paralleler und kreuzender Kommunikation

Jeder Mensch vereinigt diese Ich-Zustände in einer Persönlichkeit, und zwar unabhängig von seinem Lebensalter und seiner Lebenssituation. Die verschiedenen Ich-Zustände werden durch die Gesprächssituation aktiviert und bestimmen das Verhalten. Die TA beobachtet die Entwicklung der verschiedenen Ich-Zustände im Verlauf von Gesprächen und Verhandlungen. Finden die Gespräche über unterschiedliche Ebenen hinweg statt, besteht strukturell ein Machtgefälle, das von der konkreten Lebenssituation unabhängig ist.

Zur Zeit der ersten Mondlandung unterhalten sich Vater und Sohn vor dem Fernsehgerät:
"Siehst du Vater, hier betritt der erste Mensch den Mond."
"Das ist alles Quatsch. Die spielen das nur im Fernsehstudio."
"Nein Vater, das ist echt. Eine Live-Übertragung vom Mond."
Da haut der 96-Jährige auf den Tisch: "Jetzt reicht´s aber! Ich lass mir doch von so einem Schnösel nicht die Welt erklären."
- Der "Schnösel" war damals 72 Jahre alt. …

Wenn der Chef einen Mitarbeiter "zusammenstaucht" agiert er aus der Rolle des strafenden Eltern-Ichs heraus. Er richtet seine Kommunikation an das angepasste Kind-Ich. Der Mitarbeiter kann sich auf diese Rollenerwartung einlassen und aus dem Kind-Ich antworten – und zwar angepasst, wenn er sich unterwirft oder eben auch frei bzw. trotzig. So oder so verläuft die Kommunikation dann parallel und entsprechend dem Rollenspiel "Herrscher – Untergebener". Der Mitarbeiter könnte aber auch als autonomer Erwachsener antworten und seinen Chef "auf Augenhöhe" ansprechen. Dann ergeben sich zwei Kommunikationslinien, nämlich einmal von oben nach unten und einmal horizontal. Die Einladung zum Rollenspiel ist fehlgeschlagen. Die TA spricht in einem solchen Fall von "kreuzender Kommunikation".

Stellt man die Triade der Ich-Zustände den Rollen aus dem Drama-Dreieck gegenüber, ergibt sich folgendes Bild:

Dem Täter/Verfolger entspricht das strafende Eltern-Ich, dem Retter das fürsorgliche Eltern-Ich und dem Opfer schließlich das angepasste Kind-Ich. Die Gegenüberstellung zeigt: Der erwachsene autonome Mensch kommt im Drama-Dreieck (als Rolle) nicht vor. Und eine Auseinandersetzung auf Augenhöhe ist nur zwischen dem Verfolger und Retter möglich. Hier besteht aber keine Nähebeziehung, sodass dieses Verhältnis eine extreme Konfliktneigung hat. Und auch hier funktioniert die zirkuläre Kausalität: Die Konfliktsituation leitet die Parteien in die Rolle und die Rolle bestimmt das Konfliktverhalten.

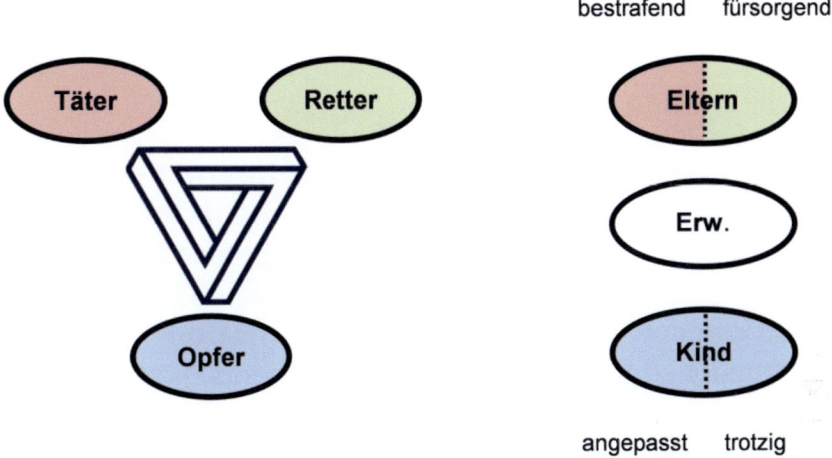

Abb. 15: Drama-Dreieck und Ich-Zustände nach Eric Berne

Solange das Muster des Dramas abläuft, folgen alle Beteiligten ihrer Rollenbeschreibung. In dieser Situation ist eine Verhandlung nicht möglich, weil nicht freie selbstverantwortliche Menschen agieren, sondern nur Rollenmuster wirksam sind. Das verdeckte Muster macht die Beteiligten so zu Gefangenen ihres Rollenspiels. Jeder Versuch einer Konfliktlösung ist zum Scheitern verurteilt.

Dialog im Konflikt

Zum Abschluss möchte ich die grundlegenden Prinzipien des Konfliktmanagements nochmals kurz in Erinnerung rufen und Ihnen ein paar Tipps für die erfolgreiche und dauerhafte Umsetzung auf den Weg geben. Wir können folgendes festhalten:

- Konflikte entstehen auf Grund von Verlust und der damit verbundenen Trauer bzw. aus einem befürchteten Verlust und der erwarteten Trauer. Den Konfliktanlass bildet eine wahrgenommene Differenz.

- Entscheidungen werden unbewusst getroffen und später rational begründet. Die Entscheidungsprozesse sind primär emotional gesteuert. Das aktive intellektuell abwägende Bewusstsein legitimiert diese Entscheidungen nachträglich durch sinnstiftende Rationalisierung.

- Sie haben immer die Wahl, sich anders zu verhalten als es Ihr unbewusstes impulsgesteuertes Denken vorgibt. Nehmen Sie sich die Zeit, die Auseinandersetzung zu planen und wählen Sie das am besten geeignete Konfliktmodell.

- Konfliktlösung ist stets ein Problem der Bewältigung von Verlust und Trauer durch Aufbau einer Nähebeziehung. Streitigkeiten eskalieren, wenn die Konfliktpartner keine Bindung zueinander haben oder diese Bindung verloren haben. Es ist die Grundlage der Konfliktlösung, diese Bindung zu erhalten oder zu erneuern.

Konflikte haben die Eigenart, komplex und einfach zugleich zu sein:

Komplexität wird auf der Sachebene durch eine Vielzahl von Sachverhalten, Bezügen und Argumenten erzeugt. Die unter der Sachauseinandersetzung liegende emotional dominierte Dynamik ist hingegen einfach strukturiert. Für die Arbeit als Konfliktmanager ist es unerlässlich, diese beiden Aspekte zu verstehen und im Blick zu behalten. Wenn Sie sich nur auf die Sachauseinandersetzung konzentrieren, laufen Sie Gefahr in Komplexität verstrickt zu werden. Andererseits können Sie die Klärung der Sachfragen nicht ausblenden. Die Sachebene kann den Zugang zu den tieferliegenden Dynamiken schaffen, die eine Bindung der Streitpartner bewirken und dauerhafte Lösungen ermöglichen. Stellen Sie sich auf die Persönlichkeitsstruktur Ihres Verhandlungspartners ein und sprechen Sie ihn auf der Bindungsebene an, auf der Sie ihn erreichen können.

Lösungsorientierte Haltung

Konfliktmanagement zeigt sich in der delikaten Aufgabe, die Sachthemen zu besprechen ohne die emotionale Dimension des Konflikts zu vernachlässigen. Wie lässt sich das erreichen?

Machen Sie sich keine Feinde

Feindschaft entsteht durch die Täter-Opfer-Dynamik (Drama-Dreieck) und aus dem Wunsch des "Opfers", es dem "Täter" heimzuzahlen. Transaktionsanalytisch fehlt auf beiden Seiten der erwachsene, verantwortlich handelnde Ich-Zustand. Die Kommunikation und Auseinandersetzung des erwachsenen

Ichs ist die Grundannahme: Ich bin in Ordnung und du bist in Ordnung. Diese Haltung ist ein Grundprinzip der Konfliktlösung. Sie verwirklicht sich in Wertschätzung und Respekt, auch wenn harte Entscheidungen getroffen werden müssen. Sorgen Sie für sich, damit Sie eine solche Haltung behalten können (Widerstandsfähigkeit entwickeln).

Die Person ist nie das Problem

In unserem Kulturkreis neigen wir dazu, Probleme zu personalisieren. Irgendjemand muss schließlich an der vertrackten Situation "schuld" sein. Solche Schuldzuweisungen beruhen in den wenigsten Fällen auf Tatsachen, sondern meist auf der Wahrnehmung von Differenz: Der oder die andere kleidet sich anders, spricht eine andere Sprache, verhält sich anders oder hat eine Einstellung, die wir nicht teilen. Abweichungen empfinden wir allzu leicht als Bedrohung. Halten Sie sich vor Augen, dass unser Gehirn so konstruiert ist, schnelle Reaktionen auf Bedrohungen zu ermöglichen. Die schnelle Reaktion befasst sich mit der empfundenen Bedrohung, nicht mit dem Problem. Schuldzuweisungen lösen das Problem nicht; sie erschweren aber den Dialog. Versuchen Sie also die Person von der Sache zu trennen und richten Sie Ihre Aufmerksamkeit auf die Themen.

Bewahren Sie eine unterstützende Haltung

Konfliktlösung ist ein Problem der Befriedigung von Bedürfnissen. Achten Sie darauf, was Ihr Streitpartner erreichen möchte oder braucht und versuchen Sie ihm oder ihr dabei zu helfen. Es geschieht zu oft, dass eine Konfliktpartei zu stark auf die eigenen Ziele fokussiert. Das schafft aber keine Verbindung. Bindung entsteht nur dann, wenn Sie der anderen Seite aufrichtig mitteilen, dass Sie ihr dabei helfen wollen, ihre Bedürfnisse zu erfüllen. Wenn Sie diese Botschaft erfolgreich vermittelt haben, steigen die Chancen beträchtlich, dass Sie mit Ihren Anliegen gehört werden.

Reagieren Sie nicht impulsiv

Nehmen Sie aggressives Verhalten Ihres Streitpartners nicht persönlich. Sie wissen, dass er oder sie in dieser Situation emotional gefangen ist und sich nicht anders verhalten kann. Behalten Sie deshalb die Herrschaft über Ihre Reaktion. Konzentrieren Sie sich mit kühlem Kopf auf den Verhandlungsprozess und Ihr Ziel. Dazu ist es notwendig, dass Sie Ihrem Streitgegner dabei helfen, sich aus der emotionalen Klammer zu befreien. Setzen Sie Ihre ganze Energie dafür ein, die Verbindung zur anderen Partei aufzubauen und machen Sie nochmals deutlich, dass es Ihnen wichtig ist, auch die Bedürfnisse des Partners zu berücksichtigen. Versuchen Sie dessen Bedürfnisse zu verstehen. Fragen Sie, was für ihn oder sie wichtig ist und warum.

Den Dialog erhalten

Dialog in dem Sinne wie das Wort hier gebraucht wird, ist nicht der Wechsel von Rede und Gegenrede. Der Begriff bezeichnet den Wechsel von empathischer und authentischer Ansprache und aktivem, um Verständnis bemühten Zuhörens. Die Partner des Dialogs wollen sich gegenseitig beeinflussen und sie lassen die Einflussnahme durch die andere Seite zu, indem sie sich emotional erreichen lassen mit der Bereitschaft zur Veränderung. Der für die Konfliktlösung engagierte Dialog findet das angemessene Verhältnis von emotionalem Austausch und intellektueller Diskussion. Das Ergebnis muss nicht ein gemeinsames Statement sein, aber ein gemeinsames Verständnis vom Problem.

Prinzipien des Dialogs

Damit die Verbindung zwischen den Streitpartnern erhalten und gefestigt wird, sollten Sie als Manager / Moderator der Verhandlung stets ein paar Prinzipien im Auge behalten:

- *Quantität*

  Ein schwieriges Thema. Es geht darum, wie viel Information soll in einem Beitrag übermittelt werden. Das ist zunächst von der Aufnahmefähigkeit der Zuhörer abhängig und auch von ihren themenbezogenen Vorkenntnissen. Andererseits soll die Botschaft vollständig sein. Aber auch die anderen Gesprächsteilnehmer sollen die Chance haben, zu Wort zu kommen.

- *Qualität*

  Die Information sollte klar, verständlich und leicht aufzunehmen sein. Achten Sie auf kurze Beiträge, die möglichst konkret sind und informativ. Abweichen vom Thema oder Weitschweifigkeit mindern die Qualität der Aussage.

- *Relevanz*

  Jeder Redebeitrag erzeugt idealerweise einen Zugewinn an Erkenntnis. Das setzt voraus, dass er sich auf das Thema bezieht, in den aktuell diskutierten Kontext passt und natürlich, dass er nicht nur bereits Gesagtes wiederholt.

- *Präsenz*

Achten Sie darauf, dass der Sprecher persönlich präsent ist und die Verantwortung für seine Aussagen übernimmt.
Nur persönliche und ehrliche Statements bringen die Verhandlungen weiter. Unverbindliches und Zweideutiges führen in die Irre. Sorgen Sie für ein wohlwollendes Klima, das eine solche Offenheit erleichtert.

- *Kürze*

Hier ist der äußere Aspekt eines Beitrags angesprochen. Dialog erfordert volle Aufmerksamkeit aller Beteiligten. Langatmige Ausführungen ermüden schnell und Informationen werden nicht mehr aufgenommen. Gerade bei längeren Konferenzen sinkt die Schwelle mit der Zeit. Je später es wird, umso eher ist weniger mehr.

Dialogblockaden

Die Verbindung zwischen den Streitpartnern besteht so lange wie der Dialog andauert. Wenn Sie sich im Gespräch im Kreis drehen oder an Kleinigkeiten festfahren, dann reißt der Dialog ab oder er kommt ins Stocken. Wenn Sie zulassen, dass die andere Partei den Dialog blockiert, dann überlassen Sie ihr die Hoheit am Verhandlungstisch. In "Hostage at the Table" weist George Kohlrieser darauf hin, dass Dialogblockaden zweifach wirken: Sie unterbrechen den Fluss der Verhandlung und sie beseitigen die emotionale Bindung der Parteien.

Kohlrieser nennt mehrere Formen der Blockade des Dialogs:

- **Passivität und Rückzug**

  Es kommt vor, dass die Auseinandersetzung für eine Partei so unangenehm wird, dass der Wunsch aufkommt, nicht beteiligt zu sein. Das ist der (oft) unbewusste Wechsel in eine Vermeidungsstrategie. Die andere Seite reagiert entweder nicht oder gibt Antworten, die nichts zur Lösung beitragen.

  "Ich warte schon seit über einer Stunde mit dem Essen auf dich. Was hast du denn die ganze Zeit gemacht?"
  "Dies und das."

  Schweigen ist kann ein Ausdruck von Passivität sein, muss es aber nicht. So kann eine Redepause auch konstruktiv genutzt werden, um nachzudenken.

- **Abwertung**

  Abwertung bringt zum Ausdruck, dass man keinen Respekt vor der anderen Partei hat. Abwertendes Verhalten in Form eines Angriffs gezeigt werden, durch eine Erniedrigung, aber auch durch Überhöhung der eigenen Person.

  "Das kannst du nicht. Da fehlt dir die Erfahrung."

  Auch die Worte "Ja, aber ..." sind eine getarnte Abwertung des Gesagten und die Einleitung zur Präsentation der Gegenposition. "Ja, aber ..." versteckt die Ablehnung der vorangegangenen Aussage hinter dem "Ja". Wer mit "Ja, aber ..." antwortet, gibt die eigene Authentizität auf

- *Ablenkung*

Die Ablenkung zielt darauf, den Fokus der Gesprächsteilnehmer zu verschieben. Es handelt sich also um eine strukturell manipulative Technik. Es geht darum, ein bestimmtes Meinungsbild nicht verändern zu lassen, indem man vom Thema ablenkt. Der Sache nach wechselt derjenige, der zur Ablenkung greift, den Bezugsrahmen und zwingt dem anderen seinen eigenen auf, ohne einen Bezug zur vorherigen Aussage herzustellen. Die Antwort hat mit der Aussage nichts zu tun:

"Hast du den Kaffee über mein Buch gegossen?"
"Wann soll das gewesen sein?"

"Seit Tagen redest du nicht mit mir. Bist du böse auf mich?"
"Was meinst du mit böse?"

Das Gespräch dreht sich im Kreis und es entsteht der Eindruck, dass alle Beteiligten am Thema vorbei reden. Unter Umständen gerät das Thema völlig in Vergessenheit.

- *Detailversessenheit*

Der Sprecher überfrachtet sein Statement mit so vielen Details, dass andere (wichtige) Informationen verschüttet werden. Die Überfrachtung mit Information erzeugt eine Komplexität, die der Gesprächspartner nicht mehr verarbeiten kann. Viele Anwälte greifen zu dieser Methode, um eine schwache Position zu kaschieren oder einen Prozess zu verzögern. Schriftsätze mit Anlagen von mehreren hundert Seiten sind im Zivilprozess keine Seltenheit. Die Auseinandersetzung über die Sache kommt damit vorerst zum Erliegen.

- *Über-Rationalität*

Wenn das Gespräch nur analytisch-rational ohne persönliche Wärme geführt wird, beinhaltet das eine Abwertung der Gefühle, die mit dem Streit verbunden sind. Oft ist damit auch verbunden, dass die Problematik der Auseinandersetzung vereinfacht wird. Die Belange der Gegenseite werden nicht gesehen oder missachtet bzw. ausgeblendet. Das kann den Einstieg in die Spirale der Eskalation bedeuten:

"Sie müssen einfach akzeptieren, dass dieser Standort aufgegeben wird und Ihr Arbeitsplatz nicht mehr besteht. Wir haben Ihnen schließlich keine lebenslange Beschäftigung garantiert."

- *Über-Emotionalität*

Über-Emotionalität beschreibt einen Gesprächsverlauf, in dem sich der Sprecher völlig vom Sachthema entfernt. Seine Gefühle gewinnen die Oberhand über den Ausdruck und führen oft zu explosionsartigen Ausbrüchen:

Der Chef kritisiert den Entwurf eines Mitarbeiters und macht Vorschläge zur Verbesserung. Der Mitarbeiter fährt aus der Haut: "Jetzt reicht es aber. Nie kann man was recht machen. Ich kündige."

Das Beispiel zeigt, dass es nicht darum geht, dass der Mitarbeiter seinen Standpunkt engagiert vertritt, sondern in eine emotionale Falle geraten ist.

- *Verallgemeinerung*

Kennzeichen der Verallgemeinerung ist die Weigerung, sich mit einem konkreten Thema zu befassen. Ein kleiner Anlass wird überproportional mit Bedeutung versehen und generalisierend als Regelfall dargestellt. Verallgemeinerung wird oft auch durch bedeutungslose oder irrelevante Aussagen flankiert, die aber massiv vorgetragen werden. Sie kommt in Worten wie "immer" oder "nie" zum Ausdruck und beschreibt oft eine Beschwerdehaltung des Sprechers, also eine rein introvertierte Betrachtung, die keinen Kontakt mit dem Partner zulässt.

- **Abstrahierung**

Durch Abstrahierung entfernt sich der Gesprächspartner vom Thema, indem er sich in allgemeinen oder philosophischen Ausführungen verliert. Er stellt auf Ideen und Konzepte ab, die mit dem vorangegangenen Gesprächs nichts mehr zu tun haben:

"Wir haben eine ganze Menge offener Rechnungen. Ich mache mir Sorgen, wo wir das Geld hernehmen sollen."
"Die besten Dinge im Leben bekommt man nicht für Geld."

Die Gefahr sich durch Abstrahierung vom Thema zu entfernen entsteht oft, wenn Sie es mit analytisch denkenden Menschen zu tun haben: Juristen, Betriebswirte, Ingenieure sind typische Berufsgruppen.

- **Mangel an Direktheit**

Dieses Phänomen lässt sich auch beschreiben als "Reden um den heißen Brei". Es geht darum, eine negative Antwort zu vermeiden, indem man rund um das Thema kreist, ohne auf den Punkt zu kommen. Hier ist meist Angst vor Ablehnung im Spiel und fehlende Authentizität.

Anstatt direkt zu fragen: "Kannst du mir heute nach Dienstschluss den Vorgang XY erklären?" schleicht der Sprecher um sein Anliegen herum. "Kennst du dich mit dem Vorgang XY aus?" "Wo hast du den Vorgang eigentlich abgelegt?" "Hast du heute Abend etwas vor?"

- ***Mangel an Ehrlichkeit***

Ein Mangel an Ehrlichkeit ist Ausdruck von fehlender Offenheit – dem anderen aber auch sich selbst gegenüber. Die eigenen Gefühle werden nicht geäußert oder die wahren Absichten werden verschleiert. Unter solchen Rahmenbedingungen ist ein Dialog nicht möglich, weil nicht über die wahren Bedürfnisse gesprochen wird. Anstatt eines authentischen Gedankenaustauschs finden nur noch kreuzende Schein-Aussagen statt, die durch Taktik bestimmt sind.

Brücken in den Dialog

Ein blockierter Dialog macht die weitere Auseinandersetzung mit dem Streitpartner unmöglich. Als Konfliktmanager können Sie nun die Verhandlung abbrechen oder vertagen oder Sie können versuchen, die Blockade zu beseitigen.

- ***Spielregeln vereinbaren***

Der Einsatz der nachfolgend beschriebenen Instrumente setzt zwingend voraus, dass Sie vor Beginn der Verhandlungen eine Agenda, eine Spielregel vereinbart haben (s.o.). Ohne eine solche Absprache können Sie nur autoritär eingreifen. Das aber lenkt das Gespräch schnell in Richtung des Wettstreit-Modells. Die erste Voraussetzung zur Beseitigung von Dialogblockaden ist also, dass Sie das Risiko von Blockaden explizit darstellen und Regeln vereinbaren, wie eine etwaige Blockade überwunden werden soll.

- **Die gelbe Karte**

Die Gelbe-Karte-Intervention folgt der allgemeinen Gruppenregel: Störungen haben Vorrang. Mit der gelben Karte, die Sie vom Fußball kennen, kann jeder Teilnehmer eine Warnung aussprechen, wenn die Regeln verletzt werden. Jeder Teilnehmer der Verhandlung bekommt ein Stück gelben Karton – oder Sie besorgen echte Schiedsrichter-Karten im Sporthandel. Manche Autoren schlagen die rote Karte vor. Ich finde das zu hart. Die rote Karte entspricht einem Platzverweis, also dem Ausschluss vom Gespräch, und diskriminiert den Verhandlungspartner unnötig. Und genau das ist ja nicht beabsichtigt.

- **Das Verbot von "Ja aber ..."**

Vereinbaren Sie in den Spielregeln, dass das Wort "aber" nicht verwendet werden darf und stattdessen durch "und" ersetzt werden muss. Das hindert den Gesprächsteilnehmer daran, die vorangegangene Aussage anzugreifen oder zu zerstören. Die Konjunktion "und" zwingt ihn dazu, auf dem Gesagten aufzubauen, sich anzuschließen. Damit geht ein Denkvorgang einher, der darauf gerichtet ist, widerstreitende Ansichten miteinander zu verbinden. Zugleich löst diese Verknüpfung das Erfordernis aus, sich von der Meinung des anderen klar abzugrenzen. Das sorgt für Transparenz.

- *Die Vier-Sätze-Regel*

Im Dialog ist es wichtig, sich klar und verständlich auszu-
drücken. Die Beschränkung auf nur vier Sätze pro Statement führt den Sprecher zu der Notwendigkeit, sich prägnant zu äußern. Das erfordert Nachdenken vor dem Reden.
Mit der Vier-Sätze-Regel eliminieren Sie Weitschweifigkeit
und Sie können unzulässige Verallgemeinerungen entlar-
ven. Insgesamt wird die Verhandlung auf das Thema fokussiert – und genau das wollen Sie ja erreichen.

- *"Ich" statt "Man"*

Es sollte zu den Spielregeln gehören, dass jeder die Verantwortung übernimmt für das, was er sagt, tut oder for-
dert. Die eigenverantwortliche Haltung fördern Sie, indem
Sie die Regel aufstellen, dass Statements mit "ich" beginnen
müssen und dass das Wörtchen "man" verboten ist. Diese
neutralisierende Vokabel entfernt den Sprecher von seiner
Aussage und begünstigt den Einstieg in Allgemeinplätze
und Unverbindlichkeit. Dialog kann aber nur stattfinden,
wenn jeder sagt, wo und wofür er oder sie steht, was der
Stand-Punkt ist.

- *Ineffektivität und Querdenken*

Eröffnen Sie einen zeitlich begrenzten Marktplatz der
Ideen. Sammeln Sie die Themen als Überschriften auf ge-
sonderte Flipcharts. Jeder, der etwas beizutragen hat, skiz-
ziert seine Gedanken auf eine Karteikarte, die auf das Flip-
chart ausgeklebt wird. Es beginnt eine Zeit zum "Rumspin-
nen", Fantasieren und zum Entwickeln von Visionen. Die
Befreiung von dem Zwang, Ergebnisse liefern zu müssen,
kann enorme kreative Energie freisetzen. Lassen Sie sich

überraschen, wie effizient Ineffektivität und Spiel sein kann. Nach Ablauf der vorgegebenen Zeit ist es vorbei. Die Auswertung kann im laufenden Meeting erfolgen oder einem späteren Treffen vorbehalten werden.

Mit Spaß bei der Sache

Zu den Zeiten der Sammler und Jäger war die Welt voller Gefahren: Ein gebrochenes Bein, ein Schlangenbiss oder eine infizierte Wunde waren tödlich. Daher entwickelte das Gehirn die hochgradig ausgeprägte Fähigkeit, Gefahren zu erkennen. Dieses "Frühwarnsystem" arbeitet heute noch wie damals. Daher neigen Menschen dazu, vor allem Gefahren zu sehen und weniger die Chancen. Da der frühe Mensch nur in der Gruppe überleben konnte, war der Verlust der Zugehörigkeit tödlich. Daher werden Konflikte auch heute noch als unangenehm oder sogar als bedrohlich empfunden. Dahinter steht die Angst vor einem Verlust, den man nicht erleiden möchte. Überhaupt werden Verluste stärker empfunden als Gewinne.

Die meisten Menschen werden deshalb eher durch die Angst vor dem Verlieren motiviert als durch die Lust auf Gewinnen. Und das bestimmt ihr Verhalten – besonders in Konfliktsituationen. Konfliktmanagement bedeutet aber, Ziele anzupeilen und mit strategisch sinnvollen Schritten zu verfolgen. Ich glaube nicht, dass es weiterhilft, dabei ängstlich auf die Gefahr des Scheiterns zu schauen. Immer, wenn Sie mit Streit und Auseinandersetzung konfrontiert sind, behalten Sie zwei Aspekte im Auge:

Der aktuelle Konflikt ist nur ein Symptom für unbefriedigte Bedürfnisse. Im Konflikt zeigt sich nur der Bedarf an einer Veränderung. Sie können und sollten der-/diejenige sein, die diese Veränderung gestaltet. Halten Sie Ihren Fokus auf das gemeinsame Ziel gerichtet und lassen Sie sich nicht von der Auseinandersetzung über vordergründige Ansprüche und Positionen ablenken. Selbst eine Eskalation des Streits ist keine Katastrophe und erst recht nicht der Untergang der Welt. Der Streitpunkt ist nur von besonderem Wert für die andere Seite und daher mit einem besonderen Verlustrisiko belastet. Sobald es Ihnen gelingt, das Risiko zu eliminieren, glätten sich die Wogen.

Jeder Streitfall gibt Ihnen die Chance, für sich und andere die Lebens- oder Arbeitsbedingungen dauerhaft zu verbessern, die Effizienz des Unternehmens zu steigern oder sonst einen Gewinn zu erzielen. Das ist die Aufgabe, um die es geht. Richten Sie Ihre Aufmerksamkeit auf die Möglichkeiten und Chancen, nicht auf die Hindernisse. Wenn Sie auf die Hindernisse fokussieren, stehen Sie sich bei der Aufgabe der Konfliktlösung selbst im Weg.

Literaturhinweise

Dirk Baeker	Form und Formen der Kommunikation
	Suhrkamp, Frankfurt a.M., 2007
Eric Berne	Transactional Analysis in Psychotherapy
	Grove Press, New York, 1961
John Bowlby	The Making and Breaking of Affectional Bonds
	Tavistock Publications, London, 1979
Klaus Grawe	Neuropsychotherapie
	Hogrefe, Göttingen, 2003
Frietjof Haft / Katharina von Schlieffen	Handbuch Mediation
	C.H.Beck, München, 2002
Anita von Hertel	Professionelle Konfliktlösung
	Campus, Frankfurt a.M. / New York, 2005
Josepf Kirschner	Manipulieren – aber richtig
	Droehmer-Knaur, München, 1999
George Kohlrieser	Hostage at the Table
	Warren Bennies Books, San Francisco, 2006
Niklas Luhman	Einführung in die Systemtheorie
	Carl Auer Verlag, Heidelberg, 2008
Leo Montada / Elisabeth Kals	Mediation Lehrbuch für Psychologen und Juristen
	BeltzPVU, Weinheim, 2001

Literaturhinweise

Gerhard Roth   Persönlichkeit, Entscheidung und Verhalten
                        Klett-Kotta, Stuttgart, 2009

Bernd Schmid   Systemisches Coaching
                        EHP, Bergisch Gladbach, 2004

Maja Storch /   Selbstmanagement – ressourcenorientiert
Frank Krause   Verlag Hans Huber, Bern, 2007

Kenneth W. Thomas   Introduction to Conflict Management
                        CPP, Mountain View, 2002

Über den Autor

ROBERT HAAS (geb. 1962)

war 20 Jahre lang als Rechtsanwalt und Fachanwalt für Arbeitsrecht in der Wirtschaft tätig.

Heute arbeitet er als juristischer Consultant, Coach, Trainer und (Lehr-) Mediator in Karlsruhe.

Anfang der 2000-er Jahre entwickelte Robert Haas gemeinsam mit einem Team von Konflikt- und Verhaltensforschern das Konzept der systemischen Mediation - eine Methode die inzwischen allgemein anerkannt ist.

Er ist als Fachreferent für verschiedene Wirtschaftsverbände des Handels, des Handwerks und der Industrie tätig und veranstaltet eigene Weiterbildungen mit den Schwerpunkten Konfliktmanagement, Team- und Personalentwicklung und Kommunikations- und Verhandlungstechniken.